国家出版基金项目

NATIONAL PUBLICATION FOUNDATION

国家无障碍战略研究与应用丛书（第一辑）

无障碍与城市标识环境

贾巍杨　赵伟　王小荣　著

辽宁人民出版社

© 贾巍杨 赵 伟 王小荣 2019

图书在版编目（CIP）数据

无障碍与城市标识环境 / 贾巍杨，赵伟，王小荣著. —沈阳：辽宁人民出版社，2019.6

（国家无障碍战略研究与应用丛书. 第一辑）

ISBN 978-7-205-09649-6

Ⅰ. ①无… Ⅱ. ①贾… ②赵… ③王… Ⅲ. ①残疾人—城市道路—设计 ②残疾人住宅—建筑设计 Ⅳ. ①U412.37 ②TU241.93

中国版本图书馆 CIP 数据核字（2019）第 122254 号

出版发行：辽宁人民出版社

地址：沈阳市和平区十一纬路 25 号 邮编：110003

电话：024-23284321（邮 购） 024-23284324（发行部）

传真：024-23284191（发行部） 024-23284304（办公室）

http://www.lnpph.com.cn

印　　刷：辽宁新华印务有限公司

幅面尺寸：170mm×240mm

印　　张：14

字　　数：218千字

出版时间：2019 年 6 月第 1 版

印刷时间：2019 年 6 月第 1 次印刷

责任编辑：刘铁丹　郭　健　赵学良

装帧设计：留白文化

责任校对：赵　晓

书　　号：ISBN 978-7-205-09649-6

定　　价：75.00元

总　序

何毅亭

目前，我国直接的障碍人群有 1.25 亿，包括 8500 多万残疾人和 4000 万失能半失能的老年人。如果把 2.41 亿 60 岁以上的老年人这些潜在的障碍人群都算上，障碍人群是一个涵盖面更宽的广大群体。因此，无障碍建设是一项重大的民生工程，是我国社会建设的重要课题，也是我国社会主义物质文明和精神文明建设一个基本标志。毫无疑义，研究无障碍战略和无障碍建设具有十分重要的意义。

在中国残联的关心支持下，在中央党校、中国科学院、清华大学等各方面机构的学者和无障碍领域众多专家努力下，《国家无障碍战略研究与应用丛书》（第一辑）付梓出版了。这是我国第一部有关无障碍战略与应用研究方面的丛书，是一部有高度、有深度、有温度的无障碍领域的研究指南，具有开创性意义，必将对我国无障碍建设产生深远影响。

这部丛书将无障碍建设的研究提升到国家战略层面，立足新时代，展望新愿景，提出了新战略。党的十九大确认我国社会主要矛盾已经转化为人民日益增长的美好生活需要和不平衡不充分的发展之间的矛盾。我国社会主要矛盾的转化，反映了我国经济社会发展的巨大进步，反映了人民群众的新期待，也反映了发展的阶段性特征。新时代，一定要着力解决好发展不平衡不充分问题，更好满足人民在经济、政治、文化、社会、生态、公共服务等各方面日益增长的需要，更好推动人的全面发展和社会全面进步。无障碍建设是新时代人民群众愿景的重要方面。中央党校高端智库项目将无障碍建设作

何毅亭　第十三届全国人民代表大会社会建设委员会主任委员，中央党校（国家行政学院）分管日常工作的副校（院）长。

为重要战略课题进行研究，系统论述了无障碍建设的国家战略，提出了无障碍建设目标体系以及实施路径和机制，将十九大战略目标在无障碍领域具体化，成为本套丛书的开篇，体现了国家高端智库的应有作用。

这部丛书汇聚各个机构专家学者的知识和智慧，内容涉及无障碍领域的创新、建筑、交通、信息、文化、教育等领域，还涉及法律、市场、政策、社会组织等方面，体现了无障碍建设的广泛性和系统性。它既包括物理环境层面，也包括人文精神层面，还包括制度层面，是一个宏大的社会话题，涵盖国情与民生、经济与社会、科技与人文、创新与发展、国家治理和全球治理等重大问题。丛书为人们打开了一个大视野，从多领域、跨学科、综合性视角全面阐释了无障碍的理念与内涵，论述了相关理论与实践。丛书的内容说明，无障碍建设实际上是一个国家科技化、智能化、信息化水平的体现，是一个国家经济建设和社会建设水平的体现，也是一个国家硬实力和软实力的综合体现。它的推进，也将有助于推进我国的经济建设、社会建设、文化建设和制度建设，对于我国新时期创新转型发展将产生积极影响。

这部丛书立足于人文高度，体现了"以人民为中心"的要求，不仅从全球角度说明了无障碍的人道主义内涵，而且进一步论述了我国无障碍建设所体现的社会主义核心价值观内涵。丛书把无障碍环境作为国家人文精神的具象，从不同领域、不同方面阐述无障碍环境建设的具体措施，体现了对残疾人的关爱，对障碍人群的关爱，对人民的关爱。它提醒我们，残疾人乃至整个障碍人群是一个具有特殊困难的群体，需要格外关心、格外关注，整个社会应当对他们施以人道主义关怀，让他们与其他人一样能够安居乐业、衣食无忧，过上幸福美好的生活。这是我们党全心全意为人民服务宗旨的体现，是把我国建成富强民主文明和谐美丽的社会主义现代化强国，促进物质文明、政治文明、精神文明、社会文明、生态文明全面提升的体现。

这部丛书的出版，深化了对无障碍的认识，对于无障碍建设具有重要的指导意义，对于各级领导干部进一步理解国家战略和现代文明的广泛内涵也具有重要参考作用。丛书启迪人们关爱残疾人、关爱障碍人群，关爱自己和别人，积极参与无障碍事业。丛书启迪人们，无障碍不仅在社会领域为政府和社会组织提供了大有作为的空间，而且在经济领域也为企业提供了更大的发展空间。丛书还启迪人们，无障碍不仅关乎我国障碍人群的解放，而且关乎我们所有人的解放，是人的自由而全面发展的一个标志。

我国无障碍建设自 20 世纪 80 年代开始起步，从无到有，从点到面，逐步推开，取得了明显进展。无障碍环境建设法律法规、政策标准不断完善，城市无障碍建设深入展开，无障碍化基本格局初步形成。但是也要看到，我国无障碍环境建设还面临着许多亟待解决的困难和问题，全社会无障碍自觉意识和融入度有待进一步提高，无障碍设施建设、老旧改造、依法管理有待进一步加强，信息交流无障碍建设、无障碍人才队伍建设等都有待进一步强化。无障碍建设任重道远。

借《国家无障碍战略研究与应用丛书》（第一辑）出版的机会，我们期待有更多的仁人志士关注、参与、支持无障碍建设，期待更多的智库、更多的专家学者推出更多的无障碍研究成果，期待无障碍建设在我国创新发展中不断迈上历史新台阶。

2018 年 12 月 3 日

国家无障碍战略研究与应用丛书(第一辑)

顾　问

吕世明　段培君　庄惟敏

编者的话

　　《国家无障碍战略研究与应用丛书》(第一辑)历时三载,集国内数十位专家、学者的心血和智慧,终于付梓,与读者见面。

　　《丛书》以习近平新时代中国特色社会主义思想为指导,体现习近平总书记对残疾人事业格外关心、格外关注。2019年5月16日,习近平总书记在第六次全国自强模范暨助残先进表彰大会上亲切会见了与会代表,勉励他们再接再厉,为推进我国残疾人事业发展再立新功。习近平总书记强调要重视无障碍环境建设,为《丛书》的出版指明了方向,提供了遵循;李克强总理2018年、2019年连续两年在《政府工作报告》中提出"加强无障碍设施建设""支持无障碍环境建设";韩正、王勇同志在代表党中央、国务院的讲话中指出"加强城乡无障碍环境建设,促进残疾人广泛参与、充分融合和全面发展"。

　　中国残联名誉主席邓朴方强调:无障碍环境建设是一个涉及社会文明进步和千家万户群众切身利益的大问题,我们的社会正在一步步现代化,要切实增强无障碍设计建设意识,认真推进无障碍标准,不断改善社会环境,把我们的社会建设得更文明、更美好。

　　中国残联主席张海迪阐释:"自有人类,就有残疾人,就会有障碍存在。人类社会正是在不断消除障碍的过程中,才逐步取得文明进步。无障碍不仅仅是一个台阶、一条盲道,消除物理障碍固然重要,消除观念上的障碍更为重要。发展无障碍实际上是消除歧视,是尊重生命权利和尊严的充分体现。"

　　多年来,在各部门努力推进和社会各界支持参与下,我国无障碍环境建设取得了显著成就。《无障碍环境建设条例》实施力度不断加大，国民经济和社会发展"十三五"纲要及党中央关于加快残疾人小康进程、发展公共服务、文明建设、推进城镇化建设、加强养老业、信息化、旅游业发展等规划都明确提出加强无障碍环境建设和管理维护；住房和城乡建设部、工业和信息化部、教育部、公安部、交通运输部、国家互联网信息办、文化和旅游部、中国民航局、铁路总公司、中国残联、中国银行业协会等部委、单位、高校、科研机构制定实施了一系列加强无障碍环境建设的公共政策和标准，城乡和行业无障碍环境建设全面推进，社区、贫困重度残疾人家庭无障碍改造深入实施，无障碍理论研究与实践应用方兴未艾。大力推进无障碍环境建设，努力改善目前与经济社会发展不相适应，与广大残疾人、老年人等全体社会成员需求不相适应的现状，是新时代赋予的使命担当。

《丛书》是多年来我国无障碍环境建设实践和研究的总结，为进一步加强无障碍环境建设提出了理论思考建议并对推广应用提供了参考和借鉴。

《丛书》入选"十三五"国家重点图书出版规划和国家出版基金资助项目，是对《丛书》全体编创人员出版成果的高度肯定，充分体现了新时代国家对无障碍环境建设的关心、关注和支持，将进一步促进无障碍环境建设发展，助力我国无障碍事业迈向新阶段。

前　言

　　继成功举办了 2008 北京奥运会和残奥会后，2022 年我国又将迎来北京冬奥会和冬残奥会。习近平总书记对冬奥会、冬残奥会工作多次做出重要指示，在全国卫生与健康大会上发表的重要讲话中也提出要重视无障碍环境建设。残障人士的需求受到越来越多的关注，无障碍环境建设已成为国家基本公共服务均等化战略内容之一，而标识环境则是无障碍环境建设的重要一环。标识环境不仅关乎残疾人和老年人，更为生活中的所有人提供精准信息，因此"标识"包含了"无障碍设计""通用设计""包容性设计"等所有的设计理念。标识环境是美好生活的导引，是形象载体的窗口，是文化艺术的展示，也是社会文明的象征。

　　天津大学建筑学院无障碍设计研究所正式成立于 2013 年 5 月，而无障碍相关研究则始于 2005 年，是国内较早的专业无障碍设计科研机构。对无障碍标识、色彩的设计探讨是研究所的重要特色与专长之一，研究所代表性的研究有"天津市无障碍标识调研与设计策略分析""建筑无障碍标识色彩与尺度量化设计策略研究""养老设施无障碍环境的色彩设计理论与方法研究"等，并主编了《建筑设计资料集》第三版"无障碍设计"专题，包括"无障碍标识"。而对社区适老性规划设计的研究，也包含了社区公共空间的标识环境。在无障碍设计教育中也将无障碍标识的研究成果融入本科与研究生的课程教学。总之，研究所在无障碍标识设计研究中积淀了丰富的成果。

　　在本书的编写过程中，研究所成员多次集中探讨著书的大纲、更新的问题、补充的内容等，力图将研究所多年来在无障碍标识设计领域的研究成果做一次集中的呈现与展示，为国家的无障碍事业建设与发展贡献一份力量。书名最终确定为"无障碍与城市标识环境"。本书首先介绍了标识与无障碍标识的一些相关概念；其次依据我们多年的研究成果，从多种角度厘清无障碍标识的分类方式及其与障碍人群的关系；之后重点介绍无障碍标识单体的设计原则与方法，以及通用无障碍标识系统的规划策略与设计流程，注重标准规范、科研成果与实际工作相辅相成、相得益彰；最后结合国内外标识系统实际工程案例或设计方案的分析深化读者对标识设计或配置的认知。

我们特别要说明的是，本书是"十三五"国家重点图书出版项目，"国家无障碍战略与应用丛书"之一，得到了中国残联吕世明副主席的鼎力支持。辽宁人民出版社给予的无限信任、研究所成员倾注的心血成就了这一成果。特别感谢中国残联及辽宁人民出版社对我们研究成果的认可，在此基础上我们将持续进行无障碍标识环境的理论研究和实践应用，完善并发展相关的研究成果。还要感谢研究所参编的教师王晶、曲翠萃、张小弭，她们牺牲了作为主要著作人的机会，但仍然兢兢业业完成了本书中第五章第四节及第二节"一"（王晶）；第三章第六节"一""三"及第四章第一节"三"（曲翠萃）；第五章第二节"二""三""四"及第三节"一""二"（张小弭）等章节的撰写工作。

本书是科研项目、工程实践和教学过程中的一些总结与探讨，疏漏之处还请专家、读者批评指正。

作　者

2019 年 1 月

目 录

第一章

标识系统与无障碍标识

第一节　标识与标识系统的概念

标识，亦常写作"标志"（《辞海》里注："标识，即'标志'"，英语为sign 或 mark），通常是指设计成文字或图形的视觉展示"记号""符号""信号"等，用来传递信息或吸引注意力，是帮助理解环境和行动信息的手段。《现代汉语词典》中的解释：标示识别；用来识别的记号。在当代设计和学术领域，"标志"更常用于指标志单体，而"标识"则更多用于统称或"标识系统"。

标识系统，是指以标识系统化设计为导向，综合解决信息传递、识别、辨别和形象传递等功能的整体解决方案。对标识进行系统性的规划和设置被称为标识规划。

标识的历史比较悠久，古代的招牌幌子可以说是最早出现的标识。在西方国家，标识设计是随着城市的高速发展而诞生的。英国在 18 世纪 70 年代出现了里程碑和路标，并成为重要的城市形象；随着汽车发展，1921 年，英国交通部开始推荐道路标识，于 1965 年发行了标准化的《交通标识手册》。德国包豪斯学院的艺术家和教师赫伯特·拜耶（Herbert Bayer，1900—1985）提出了标识设计的新主张，他认为标识设计是一门综合性的艺术，是构建环境、创造商业形象、形成企业身份的一项大工程，必须靠艺术家、科学家、工程师的共同合作才能实现。他的设计手稿中，标识不再仅仅附着于建筑表面，而是成为建筑结构的一部分（见图 1-1-1）。城市各类公共建筑环境中的标识不断增加，大约在 20 世纪中叶，标识图形终于成为一个独立的设计领域，一些新的表示"标识"的术语开始出现，包括"Wayfinding"（寻路，导向）、"Signage"（标识牌）、"Environment Graphics"（环境图形）等。

由美国建筑师凯文·林奇（Kevin Lynch）提出的"空间引导系统"（way finding system），其目的是在现代社会越来越复杂的空间和信息环境中，使陌

图 1-1-1　拜耶的设计图稿

生访客能够在最快的时间获得所需要的信息。由于空间引导系统需要标识系统技术和理念的支撑，因此，在建筑环境中，两者会在很大程度上融合起来。类似的术语还有"导示系统"（也作"导视系统"），在视觉传达领域更为常用，也是属于将视觉设计与建筑设计连接起来的概念，重视表达环境向人传递的信息。从建筑学科的"空间引导系统"与视觉设计学科的"导示系统"字面来看，建筑师重视空间概念和视觉设计师侧重平面表达的不同特征还是比较明显的，也能够发现，标识的确是居于建筑空间和平面设计之间的环境元素，其跨学科的属性明确无疑。

随着城市基础设施建设水平不断提升和城市国际交往不断增加，城市标识系统的重要性愈来愈突出，标识系统也愈来愈多样化、复杂化。国内外民间也有一些标识的设计协会成立，如美国的环境图形设计协会（后更名为体验图形设计协会 SEGD）。深圳市标识行业协会是中国首家标识行业专业协会。

标识对所有人来说都是一项不可或缺的信息工具。标识这种简洁的图形符号即使是不识字的小孩、不懂得本地语言的外国人，也能方便地使用其信息或是其指示的设施。标识既是城市建设的国际化形象的窗口，也为所有市民提供了便捷生活的信息，彰显着社会文明发展的水平。因而，科学合理地规划城市的标识系统，对建设国际化城市是必不可少的工作。尤其是对残疾人来说，城市中的道路、交通和房屋建筑特别是残疾人设施，应尽可能提供多种标识和信息源，以适合各类残疾人的不同要求。例如，以各种图形文字符号帮助肢体障碍者寻找行动路线和指示目的地，以触觉和发声装置引导视觉障碍者判断行进方向和位置。标识可以使各类人群尽可能准确地了解把握所处空间环境的状况，减少各种潜在的心理不安因素。同时，无障碍标识也要考虑普通人的需要，不但要向残疾人提示场所具备无障碍设施方便残疾人使用，同时要避免对普通人造成障碍，最好还能够为普通人提供有用的信息。

第二节　广义无障碍标识与广义无障碍

　　"狭义无障碍"标识的含义一般是指示无障碍设施的标识符号，而"广义无障碍标识"则是指在"广义无障碍"视角下，城市环境中的所有标识。广义无障碍标识不仅为残疾人服务，更是为所有市民服务。广义无障碍理念是无障碍发展的最新阶段，包括"通用设计""包容性设计""全容设计"等思潮。

　　"通用设计"是由美国残疾人建筑师罗恩·朗·麦斯（Ronald Lawrence Mace，1941—1998，图 1-2-1）提出的。他在北卡罗来纳州立大学成立了"通用设计中心"，该中心是当时美国引领性的无障碍设计研究机构。麦斯将通用设计概念定义为"尽可能最大程度地设计所有人可用的产品与环境，无须特别适应或专门设计"。麦斯也曾经将通用设计表述为"按人们的需求设计产品或环境，

图 1-2-1　罗恩·朗·麦斯

而不论其生活年龄、能力或状态"。

"全容设计"起源于北欧高福利国家，1993 年，欧洲无障碍设计研究机构 EIDD（the European Institute for Design and Disability）网络组织成立，有 22 个欧洲国家成员参加。EIDD 宣布其任务为"借助全容设计，提高生活质量"，由此，术语"全容设计"（Design for All）正式诞生。

"包容性设计"起源于英国的适老设计，最早由皇家艺术学院的罗杰·科尔曼（Roger Coleman）正式提出。英国标准《设计管理系统：管理包容性设计》BS 7000-6（2005）中将"包容性设计"解释为"一种全面综合的设计，涵盖了最广泛年龄与能力层次消费者所用产品的方方面面，贯穿了产品从概念生成到最终丢弃的整个生命周期"。

这些无障碍设计发展出的新概念都将服务对象扩展到了全社会所有人，涉及建筑、产品、信息、社会学等诸多方面，我们将其概括为"广义无障碍"。事实上，城市环境中的标识本就是为方便所有人的生活而存在的，狭义无障碍标识则是在其后诞生的。广义的无障碍标识涵盖了导向标识系统、安全标识等，这种认知才符合今天"广义无障碍"的理念。"广义无障碍标识"的提出就是要明确：无障碍设施及其相关信息不仅是为残疾人而生，它也能为所有人提供更为人性化的便利条件。

第三节　国际通用无障碍标识

无障碍标识最常见的一种就是一个乘轮椅人的形象（图 1-3-1），其在全世界的范围内都为人熟知，它就是国际通用的无障碍标识（the International Symbol of Access）。国际通用无障碍标识是用于帮助残疾人在视觉上确认与其有关的环境特性和引导其行动的符号，标志牌为白底深色轮椅图形或深底白色轮椅图形。无障碍通用标志的轮椅人形象最早是 1968 年一位丹麦学生 Susanne Koefoed 在瑞典斯德哥尔摩的设计夏令营中的作品，该夏令营由前卫的斯堪的纳维亚学生会组织。这个设计得到了瑞典残疾人协会主席 Karl Montan 的倡导，次年（1969 年）在国际康复协会于爱尔兰都柏林召开的国际康复大会上表决通过，成为全世界一致公认的标识。它不仅代表为乘轮椅者服务，而是表示"残疾人可以使用的设施"。

一、无障碍标志牌的规格

无障碍标志牌和图形的大小与其观看的视距相匹配。常用标准尺寸以 100 mm × 100 mm 为模数，轮椅人标准图形的每一部分也都有其固定的尺寸与角度（图 1-3-2）。颜色规格亦有两种，一种画有白色轮椅图案而衬以深色衬底，另一种使用相反颜色（图 1-3-3）。所示方向为右行时，轮椅面向右侧；所示方向为左行时，轮椅面向左侧。根据需要，标志牌可同时在其一侧或下方加以文字说明和方向箭头，其意义则更加明确。包含文字符号或方向箭头时，其色彩也应同标识底色形成较高对比度。还可以采用人工照明增强可识别性。

图 1-3-1　国际通用无障碍标识

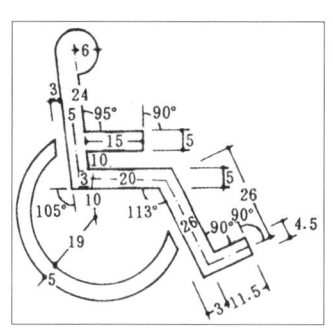

图 1-3-2　国际通用无障碍标识图形细部尺寸

图 1-3-3　国际通用无障碍标志牌的两种颜色规格

二、国际通用无障碍标志牌的使用范围

标志牌用于指示无障碍设施所在的方向及专用设备的位置，可提供以下信息：指示建筑物无障碍出入口（图1-3-4）；指示建筑物中乘轮椅者的内外通道；指示建筑物内专用设施的位置，如残疾人专用席位等；指示残疾人专用空间位置，如停车场等；指示城市中无障碍设施的通道、桥梁和地下通道等所在的位置。特别值得注意的是：轮椅人的方向是可以镜像或者说左右翻转的，而且轮椅前进的方向应当指向无障碍设施所在位置，这点在实际的标识设计或安装设置工作中常常被忽视。

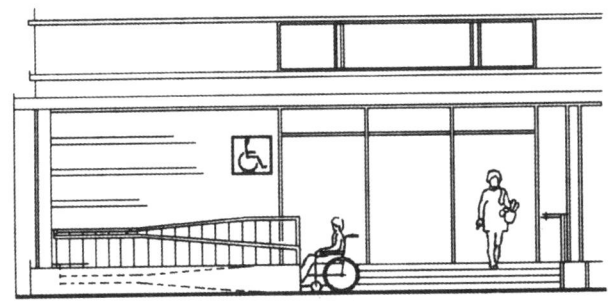

图1-3-4
指示建筑无障碍入口的标识

三、国际通用无障碍标识与我国国家标准无障碍设施标识

国际通用无障碍标识与我国国家标准的通用无障碍设施标识，在图形设计上是略有不同的（图1-3-5）：国际通用标识中人的图形形象更为精练、抽象和硬朗，而我国标准的人物形象则相对柔和写实一些，实则二者并无高下之分。部分专家认为前者主要用于无障碍设施，而后者主要用于无障碍辅具，目前在国内的实际设计工作中可优先选用我国标准。

图1-3-5 国际通用无障碍标识与我国国家标准无障碍设施标识

第四节　标识的标准化和国际化

一、标识的标准化组织

标识应当使得世界各国、全国各地的人民都能方便地利用，同一含义必须有统一的符号，这就是标识的标准化。负责这项工作的国际组织是人们熟知的国际标准化组织 ISO 下设的图形符号技术委员会（ISO/TC 145），它负责图形符号以及符号要素（颜色、形状）的国际标准化工作。目前该技术委员会下设三个分技术委员会，分别负责公共信息图形符号，安全识别、标志、形状、符号和颜色，以及设备用图形符号，成员国包括中国、日本、韩国、英国、美国、德国、法国、荷兰、挪威等国家。

我国对应国际标准化组织图形符号技术委员会的组织是全国图形符号标准化技术委员会，简称图形符号标委会，秘书处设在中国标准化研究院。我国发布标识标准的机构是国家质量监督检验检疫总局和国家标准化管理委员会。

二、ISO 无障碍标识标准体系

国际标准化组织的无障碍标识标准体系主要内容见表 1-4-1，其中最主要的是《建筑施工——建筑环境的无障碍和易用性》ISO 21542：2011 的无障碍标识相关章节以及 ISO/TC 145 研发出的 ISO 7000、7001、7010 标准。ISO 21542：2011 是无障碍设计的一部重要综合性标准，其主要思想融入了"广义无障碍"理念，从名称看已经涵盖了"易用性"要求，内容十分全面，其中有专门的"标识牌"专篇。ISO 对于图形标识的规定集中了全球专家的智慧，很多标准得到了世界各国的支持和效仿。

表 1-4-1　ISO 无障碍标识标准体系

标准名称	涉及无障碍标识的主要内容
ISO 21542:2011《建筑施工——建筑环境的无障碍和易用性》（Building construction——Accessibility and usability of the built environment）	有专门的"视觉对比度""标识"章节
ISO 7000:2014《设备用图形标志》（Graphical symbols for use on equipment — Registered symbols）	设备器具用图形标志标准
ISO 7001:2007《图形符号——公共信息符号》（Graphical symbols - Public Information Symbols）	规定了六类常见图形符号标志及其含义，并常年在不断修订中
ISO 7010:2011《图形符号—安全色和安全标志》（Graphical symbols — Safety colours and safety signs — Registered safety signs）	普通图形标识的色彩形状设计原则
ISO 3864-1-2002《图形符号 安全色和安全标志 第1部分：工作场所和公共区域中安全标志的设计原则》（Graphical symbols - Safety colours and safety signs - Part 1: Design principles for safety signs in workplaces and public areas）	涉及到广义无障碍标志的色彩和形状设计
ISO 16069《图形符号——逃生路径指示系统》[Graphical symbols — Safety signs — Safety way guidance systems (SWGS)]	逃生路径指示系统，包括磷光标识
ISO 17398《安全色与安全标志》（Safety colours and safety signs — Classification, performance and durability of safety signs）	安全标识的分类与性能
ISO 9186 系列标准《图形符号——检测标准》（Graphical symbols — Test methods）	用于检测图形标识的信息传达效果，如是否有歧义、辨认效果等
ISO/DIS 21056 人类工效学——无障碍设计——触觉标识设计导则（Ergonomics — Accessible design — Guidelines for designing tactile symbols and letters）	触觉标识设计
ISO 17724-2003 图形符号词汇（Graphical symbols - Vocabulary）	图形标识术语
ISO 22727-2007 图形符号 - 公共信息符号的创作和设计要求（Graphical symbols - Creation and design of public information symbols - Requirements）	图形标志的设计原则

表格来源：贾巍杨根据标准文献整理

三、发达国家的无障碍标识标准

美国无障碍标识标准体系包括了国家层面的法规及其配套标准、各州或城市的地方标准以及部分机构标准，主要构成见表 1-4-2。

表 1-4-2 美国无障碍标识标准体系

标准名称或类型	主要内容
2010 年《美国残疾人法案无障碍设计标准》（ADA Standards for Accessible Design），前身为《美国残疾人法案无障碍纲要》（ADAAG）	大量无障碍标识设计的具体条文
建筑障碍法（ABA）配套《无障碍设计最低需求指南》（MGRAD）	有无障碍标识设计的简单规定及色彩对比度的要求
美国交通部图形符号 [the United States Department of Transportation (DOT) pictograms]	规定了 50 个交通图形符号
地方规定	如洛杉矶市《建筑规范》有关于无障碍标识尺度、图形、文字等的规定
机构规定	如《明尼苏达州立大学 标识设计手册》

表格来源：贾巍杨根据标准文献整理

国家层面的核心法规是 2010 年《美国残疾人法案无障碍设计标准》（ADA Standards for Accessible Design），前身为《美国残疾人法案无障碍纲要》（Americans with Disabilities Act Accessibility Guidelines for Buildings and Facilities，缩写为 ADAAG）。《美国残疾人法案无障碍标准》文本极其翔实，对标识的规定已经非常详细，故美国并没有出台专门的无障碍标识设计标准。

英国无障碍标识标准体系主要有两个标准，见表 1-4-3。BS 8300-2009是英国目前核心和全面的无障碍设计法规，其中无障碍标识的设计要求有着丰富的内容，而 BS 5499 基本是移植的 ISO 7010 的内容。

表 1-4-3 英国无障碍标识标准体系

标准名称	主要内容
BS 8300-2009《满足残疾人需求的建筑设计方法》（design of buildings and their approaches to meet the needs of disabled people）	英国主要的无障碍建筑设计标准，有不少无障碍标识的内容
BS 5499 图形符号和建筑标识系列标准（BS 5499 for graphical symbols and signs in building construction; including shape, colour and layout）	安全标识、图形标识的设计标准

表格来源：贾巍杨根据标准文献整理

日本的标准体系与别国有所不同，其 JIS 标准体系中查询不到重要的建筑无障碍设计与标识设计的标准，反而多见于国家和地方政府的法规文件中。如日本 2005 年颁布了《无障碍新法》，是国家层面的核心无障碍法规，它由原《交通无障碍法》和《爱心建筑法》合并修订而来，其中原《交通无障碍法》是主要的有关无障碍标识的法规标准。在地方无障碍法规如《东京都福祉条例》中也有部分关于公共建筑标识和交通标识无障碍设计的要求。

四、我国无障碍标识标准体系

在全国图形符号标准化技术委员会等组织机构的努力下，多年来我国已经编制发布了比较系统的图形标识标准体系，见表1-4-4。

表1-4-4 我国无障碍标识标准体系

标准编号名称	涉及无障碍标识的主要内容
GB 50763-2012《无障碍设计规范》	"无障碍标识系统、信息无障碍"一节有少数的规定
GB/T 10001《标志用公共信息图形符号》系列标准	规定了各类通用图形符号
GB/T 10001.9-2008《第9部分:无障碍设施符号》	规定了15个标准的无障碍设施标识图形符号
GB/T 15566.1-2007《公共信息导向系统》系列标准	规定了公共信息导向系统也即普通标识系统的设计原则与具体要求
GB/T 51223-2017《公共建筑标识系统技术规范》	有大量公共建筑标识系统的具体设计要求，也涉及不少无障碍标识的内容
GB/T 33660-2017《城市公用交通设施无障碍设计指南》	有交通标识的简单设计原则
GB 50462-2011《无障碍设施施工验收及维护规范》	有"过街音响信号装置""无障碍标志和盲文标志"具体验收项目的规定
GB/T 32632.2-2016《信息无障碍 第2部分：通信终端设备无障碍设计原则》	涉及信息设备无障碍设计

表格来源：贾巍杨根据标准文献整理

1983年我国制定了第一个公共信息图形符号国家标准《公共信息图形符号》（GB 3818-1983），当时仅规定了电话、出租车、卫生间、公共汽车、等候室等15个常用的图形符号；1988年制定了第一个公共信息标志用图形符号的国家标准《标志用公共信息图形符号》（GB 10001-1988），制定了电梯、紧急出口、飞机场、码头、问询处、垃圾箱等25个图形符号；1994年GB 10001-1994首次修订，将GB 3818-1983和GB 10001-1988合并，并增加酒吧、舞厅、保龄球、游泳、乒乓球等图形符号，当时共有图形符号79个。2000年我国对GB 10001-1994进行了第二次修订，确定了新的标准名称，改为《标志用公共信息图形符号》，并将 GB/T 10001–1994 分为多个篇章，依照类型不同分别颁布。为了适应城市建设快速发展和国际化的更高要求，2006年我国对 GB/T 10001–2000《标志用公共信息图形符号》系列标准再次修订，完善了《标志用公共信息图形符号》"第 1 部分：通用符号"和"第 2 部分：旅游休闲符号"两项国家标准的修订工作，并制订了两项新的国家标准"第 5 部分：购物符号"和"第 6 部分：医疗保健符号"。

2008 年，借北京举办残疾人奥运会的契机，《标志用公共信息图形符号》发布了"第 9 部分：无障碍设施符号"，共包含了 15 个标准的无障碍设施标识（图 1-4-1），从此我国有了无障碍标识的第一部专门的国家标准，这成为推动无障碍标识环境建设的里程碑，也为建立我国的城市公共信息导向系统

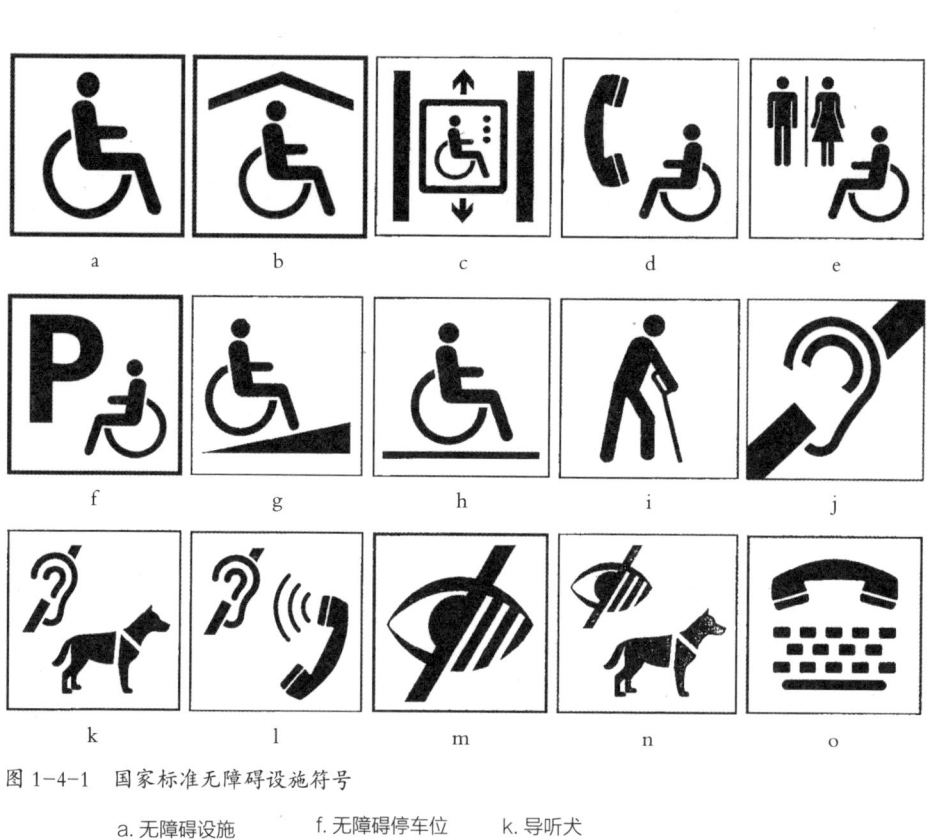

图 1-4-1　国家标准无障碍设施符号

a. 无障碍设施	f. 无障碍停车位	k. 导听犬
b. 无障碍客房	g. 无障碍坡道	l. 听力障碍者电话
c. 无障碍电梯	h. 无障碍通道	m. 视力障碍
d. 无障碍电话	i. 行走障碍	n. 导盲犬
e. 无障碍卫生间	j. 听力障碍	o. 文字电话

图 1-4-2
导盲犬

图 1-4-3
感应闭合电路

图 1-4-4
红外系统

图 1-4-5
带抓杆和坐凳的
淋浴

打下了良好的基础。其中一些如无障碍设施、无障碍电梯、无障碍卫生间正是我国目前常用的无障碍标识图形，而其他一些在生活中并不常见。在《无障碍设计规范》（GB 50763-2012）也有"3.16　无障碍标识系统、信息无障碍"的章节条文。然而这两个无障碍标识的标准或条文都是推荐标准，而不是强制标准。

除了标识单体，国家还出台了标识系统的设计标准，目前有《公共信息导向系统》（GB/T 15566.1-2007）系列标准以及《公共建筑标识系统技术规范》（GB/T 51223-2017）。

世界各国也有一些标准化的无障碍标识。如有些国家的导盲犬标识（图1-4-2）与我国就不同；感应闭合电路和红外系统等听力障碍设施（图1-4-3、图1-4-4）在我国极为少见；奥地利、德国为无障碍淋浴（图1-4-5）设计了专门标识，在其他国家却鲜有所见。

第二章

标识的类型与无障碍环境

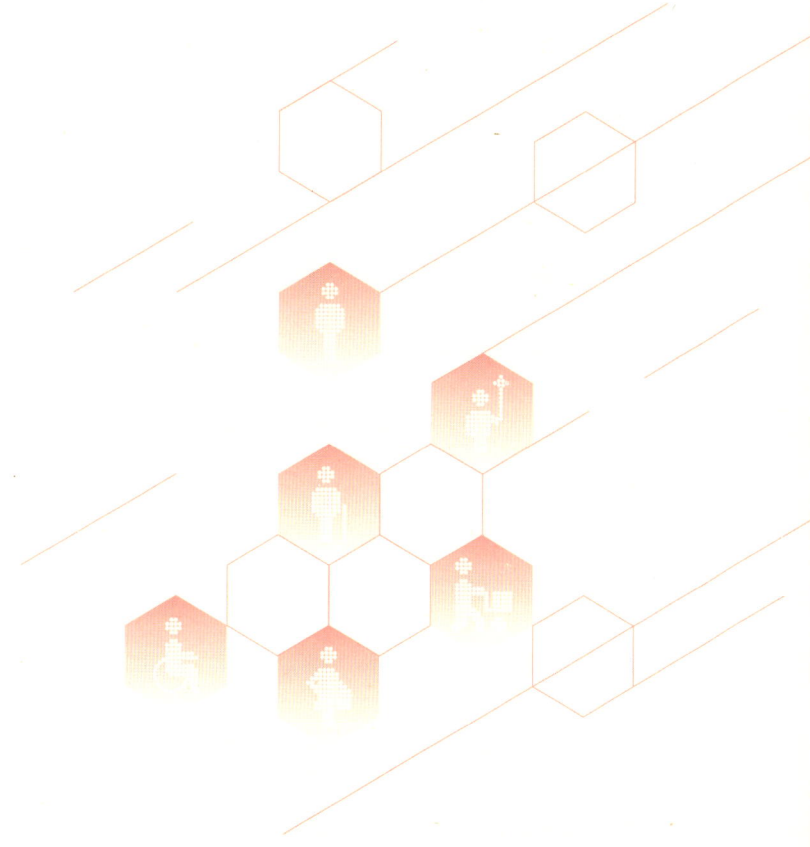

第一节　标识分类与功能

深入认识和了解无障碍标识，并能够设计出优秀的无障碍标识方案，其前提是必须熟悉和掌握无障碍标识的类型及其特征。无障碍标识有很多的分类方式，可根据获取信息的感官、标识的构造与安装方式、动态静态、标识所处环境、服务对象和功能等方式来区别。

一、按信息传递的人体感官分类

无障碍标识的最终目的是向使用者传达信息。人类通过视觉、听觉、嗅觉、触觉和味觉五感从外界获取各种信息，因此，根据获取信息的感官分类就是一种常见的方式。

1. 基于视觉的标识：通常来说，标识是用文字和图形来表现，依赖视觉提供信息的。故而此类标识在认知性、醒目性、可读性、判读性等方面要求较高。近年来，老龄化社会的到来对标识的醒目性等也提出了更高的要求，老年人需要更大、更亮、反差更强的标识。

2. 基于听觉的标识：对于不能依靠视觉获得信息的视觉障碍者来说，只能考虑借助其他感觉功能，如听觉、触觉或者嗅觉来传达信息。其中常用的是听觉标识，例如车站和车厢内的广播就是用声音来告知视觉残疾人停靠站和到站信息。

3. 基于触觉的标识：向视觉障碍者传达危险信息时，最好能将听觉和触觉结合起来，同时提供两方面的信息。目前，我国大部分城市道路上都铺设了盲道，这是基于触觉制作的代表性标识。此外，作为面向视觉障碍者的触觉标识，盲文可以在比较短的时间内准确地传达信息。

4. 基于嗅觉的标识：基于嗅觉的标识并不常见，相对典型的一个例子就是在普通家庭做饭及取暖用的燃气内添加的臭味，利用人们的嗅觉作为通知危险的标识。此外，视觉障碍者在日常生活中，可以将在通行途中的某家糕点店的香味作为独自的标识，利用它们作为确认位置信息的手段。

与此相似，我国国家标准《公共信息导向系统基于无障碍需求的设计与设置原则》（GB/T 31015-2014）除了规定无障碍标识的一般要求外，还按照视力障碍、智力障碍、听力障碍、肢体障碍、儿童分类做了设计与设置原则的规定。

二、构造和安装形式

位置与构造形态类型可以说与通常的标识设计实际工作最为相关，其在很大程度上制约着标识的造型设计和位置布局。狭义上的常见无障碍标识如图 2-1-1 所示。

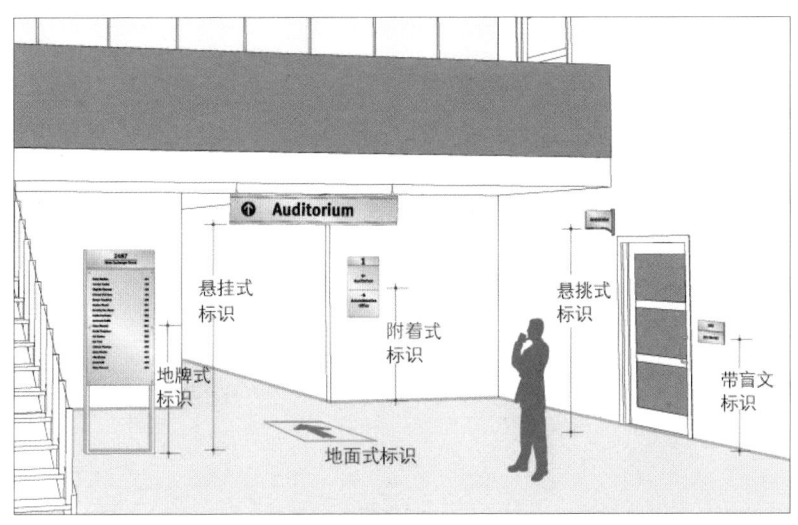

图 2-1-1　常见标识的构造安装类型

1. 附着式标识：也称贴壁式标识，固定在平行于建筑物墙体的外部或内部（图 2-1-1、图 2-1-2），设置位置与墙体的距离要小于 450 毫米。它的形状既可做成板式，附带上文字，也可做成独立的立体字，直接镶嵌在墙体上，通常只有一面。过往人群阅读侧面的贴壁式标识，比阅读直接迎面标识更困难。因此，贴壁式标识的内容一定要清楚、醒目，不应包含更多其他干扰信息。贴壁式标识适合融入建筑设计中，常作为建筑的附属装饰。

2. 悬挑式标识和横越式标识：固定于建筑物的表面，通常与建筑物立面或墙面垂直，即与"贴壁式标识"方向成90度，而且内容几乎都是双面的；悬挑式标识一侧固定于墙上（图2-1-1、图2-1-3），横越式标识则是两端固定于墙上。因此，它们能在街道或走廊的任何一方被清楚地看到。许多标识法规对这类标识的尺寸限制是相当严格的，因为此类标识往往被用于历史风貌街区，不宜过大；此外，由于这类标识伸入交通空间，还要限制其最低高度以保证不影响通行。

3.悬挂式标识：悬挂于建筑室内天花板下面，多做成双面标识。因其本身位置通常较高，一般在室内观看距离较远（图2-1-1、图2-1-4）。

4.地牌式标识：一些独立式标识在室内外空间的地面上树立起阅读面板、标识牌，上面有图文符号信息，称为地牌式标识（图2-1-1、图2-1-5），又称立牌式标识，此外也有立柱式标识。通常认为，和传统广告图案相比，地牌式标识能构造出更柔和的印象，而且，该标识的导向理念往往贯穿于整个设

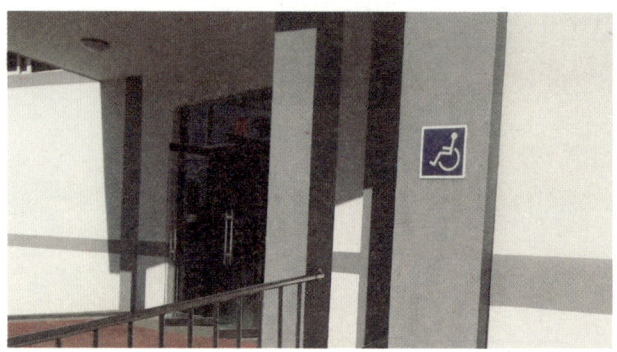

图2-1-2　附着式标识

图2-1-3　悬挑式标识

图2-1-4　悬挂式标识

图2-1-5　地牌式标识

图 2-1-6　地面标识　　　　图 2-1-7　交互式标识　　　　图 2-1-8　融合式标识

计过程中。例如，公园中指示景点方向的标牌大多是这种形式。

　　5. 地面标识：位于室内外环境地坪所在平面上（图 2-1-1、图 2-1-6），常用裱贴、喷涂的方式制作，也可结合建筑构造安装，以指示方向的标识和通用无障碍设施标识最为多见。

　　6. 交互式标识：通常是电子或电器控制的多媒体设备，因此也称多媒体标识，往往综合了文字、图形、图像、声音、视频、网络、触摸等媒介，联结了多种感官渠道，具备多媒体交互性，能够显示丰富的信息，并可以有效快速地更换（图 2-1-7），因而是比较适合多类障碍人士群体的标识类型。交互性是指在信息传播者和信息接收者之间相互进行通信和交换，使信息的传播和接收成为双向循环的过程，而不像报纸、图像、广播那样，人只能被动地接收。医院、图书馆、商业设施的挂号取号和信息查询等设备常使用该类标识发布公众信息、产品和服务，能够取得良好效果。

　　以上几类标识是狭义的无障碍标识常用的形式，此外，城市环境中的标识还有以下常见类型：

　　7. 融合式标识：指标志符号本身与建筑构件或是雕塑艺术品融合为一体的标识形式。这种标识没有额外采用其他材质张贴树立，而是与环境融为一体，在室内常常与墙体整合，在室外则常常与雕塑等公共艺术作品整合（图 2-1-8）。

　　8. 橱窗标识：通常由可更换的图文面板即可开启的透明窗板组成（图 2-1-9），其信息可以手工更换。可以为特别的价格和服务做广告，信息往往需要经常更换、定期维护，长期一成不变效果亦不佳。

9. 高耸标识：独立式标识通过高大的立柱支撑而使其能够在远距离注目，称作高耸标识（图2-1-10）。高耸的独立式标识与众多其他类型的标识相比，具有更高的能见度，且被普遍应用于商业、广告等。例如面向驾驶员群体的加油站和旅店，或是面对流量较大的陌生访客。

10. 屋顶标识：竖立在建筑物的屋顶上（图2-1-11），全部或部分被固定于建筑物上。像高耸标识一样，它主要针对距离较远的受众或驾驶员群体。屋顶标识对于那些不熟悉地区地理位置的人群起到显著的指示作用。

11. 屋檐式标识：有背发光和不发光两种，与屋顶标识的区别在于其扩展尺寸一般在水平和垂直距离上不超过真正的屋檐（图2-1-12）。背发光屋檐标识是遮篷形状的透明有机塑料板的一部分，由物体内部通过荧光光源或高亮光源背打光形成，能提供夜间高效的辨识功能，并通过标识的发光部分照明暗黑的城市街道。不发光的屋檐标识，由柔软的材料做成屋檐的形状，通常在材料表面上进行涂漆或喷绘打印，可以三面印刷；因为不发光，其夜间的识别效率较低。

12. 旗帜标识：旗帜标识由轻型材料如布、纸和柔性塑料做成，通常固定于坚固的框架上。旗帜标识通常用于临时场合，如宣告宏大的开幕仪式、房产开盘或其他特殊的宣传。旗帜标识往往给人以新颖、激动的印象。

13. 独立雕塑式：不采用标识牌的形式，而是将标识图文设计为独立的雕塑作品，常用于景观和室外环境的入口空间，非常引人注目（图2-1-13）。由于其艺术化和醒目的表现方式，多用于呈现机构形象的标识，狭义的无障碍标识采用此种形式的较少。

此外，现代照明和信息技术的应用还出现了动态的标识，故还可以将标识分为动态和静态类型。

动态标识是指外在呈现不断运动变化的标识，通常采用的方式有翻转式、动态灯光、动态投影、电子屏幕等类型。动态投影和电子屏幕标识往往是由电脑控制的，具备一定的互动性，即能够实时处理人的动作或对要求做出响应和反馈（图2-1-14），这种标识也就是"交互式标识"。

静态标识是静止不动、外观不变的标识。综合标识则是结合了动态和静态特点的标识。

图 2-1-10
高耸标识

图 2-1-11
屋顶标识

图 2-1-9 橱窗标识

图 2-1-12 屋檐式标识

图 2-1-13 独立雕塑式

图 2-1-14 明基医院的动态投影标识

三、所处环境

（一）依据应用环境和场合

我国的《标志用公共信息图形符号》GB/T 10001 系列标准，实际上各个部分正是按照图形标识的应用场合或行业来分类编制的，分为 10 个部分（表 2-1-1，其中 7、8 暂未发布）。

表 2-1-1　标志用公共信息图形符号分类

标志用公共信息图形符号各部分	标志类型
1	通用符号
2	旅游休闲符号
3	客运货运
4	运动健身
5	购物符号
6	医疗保健
9	无障碍设施
10	铁路客运

表格来源：贾巍杨根据标准文献整理

国际标准化组织的 ISO 7001《图形符号——公共信息符号》（Graphical symbols - Public Information Symbols）标准依据应用情境将图形符号分为公共设施、交通设施、旅游和文化遗产、体育活动、商业设施、公共行为共 6 种类型（表 2-1-2）。

表 2-1-2　ISO 公共信息图形符号的分类

缩写代码	类别名称
PF	公共设施
TF	交通设施
TC	旅游和文化遗产
SA	体育活动
CF	商业设施
BP	公共行为（安全标识除外）

表格来源：贾巍杨根据 ISO 7001 标准翻译

（二）依据室内外环境

基于标识所处的室内外环境，可将其分为室内标识与室外标识。

1. 室内标识：处于建筑室内的标识，受到的天然采光往往是不稳定的，因而在设计中应保证全天候获得满足标准或以上的照度，故常常配置人工照明，同时光源应提供较好的显色性。

2. 室外标识：由于有较长时间的自然采光，其色彩的呈现较为真实。

（三）依据所处环境类型

根据标识所处环境的类型，可将其分为建筑标识、景观标识和交通标识。

1. 建筑标识：是指附属于建筑空间的标识系统。在功能复杂的工业建筑、公共建筑中相应设计较为系统，也更为多见，在居住建筑中相对简单一些。

2. 景观标识：是指景观空间内为方便游客有秩序游玩及方便内部管理的标识系统。良好的景观标识应当与景观设计协调一体、相得益彰，为景观创造良好的游览环境。

3. 交通标识：在道路环境中用图形文字符号表达引导、限制、警告或指示信息的标识，也称作道路标识、道路交通标识（图2-1-15）。交通标识要求设置得醒目、清晰、明亮，以帮助实施交通管理，保证道路交通安全、通畅。在我国国家标准《城市公共交通标志》（GB/T 5845.2-2008）中，将城市公共交通标志分为"一般图形符号"和"安全标志"两类。道路交通标识也可分为主标志和辅助标志两大类。主标志又分为警告标志、禁令标志、指示标志、指路标志、旅游区标志和道路施工安全标志六种；辅助标志是在主标志无法完整表达或指示其内容时，附设在主标志下，起辅助说明作用的标识，为白底、黑字、黑边框，形状为长方形。交通标识有专门管理部门，并不是本书研究的主要内容。

图2-1-15 交通标识

（四）依据服务对象

根据标识服务的通行对象来区分，可用于为行人导向，也可用于机动车、非机动车。

1.人行标识，指引步行信息的标识。人行道一般用路缘石、护栏或其他设施加以分隔，专供行人步行通行。人行标识用于指示人行道的范围、通行方向等。

2.车辆标识，指示机动车辆行驶和交通信息的标识，引导车辆进出、按规定方向行进或限制通行。车辆标识应当注意它有可能是在高速行驶或夜间行驶时使用的，在设计时需要考虑运动和夜间观察标识的特点。

3.非机动车标识，用于指示自行车、电动车等非机动车辆通行的信息。

4.综合标识，没有特别指定服务对象为行人、非机动车还是车辆的标识，以及其他标识，面向所有公众。

四、依据功能分类

ISO 21542：2011《建筑施工——建筑环境的无障碍和易用性》（Building construction—Accessibility and usability of the built environment）中按照功能类别将无障碍标识分为游览图标识、方向标识、功能性标识、告示标识、紧急疏散标识这几类，见表2-1-3。

表2-1-3　ISO 21542 对标识功能的分类

Orientation signs: sketches, plans, models, etc.	游览图标识
Directional signs: directional information from point A to B.	方向标识
Functional signs: explanatory information.	功能性标识
Informative signs: purely informative, for example a name.	告示标识
Signs for emergency exits	紧急疏散标识

表格来源：贾巍杨根据 ISO 21542 标准翻译

本书著者参考日本学者相关成果，根据信息传达功能，将标识大体分为名称、引导、导游、说明及限制 5 种。名称标识说明设施有别于其他设施；引导标识是通往目的地的方向说明；导游标识标示出设施所在位置与整个街区的相互关系；说明标识表示管理者的意图和设施内容；限制标识敦促人们注意行动安全及遵守秩序。

在名称标识识别度很高的场合，有时只有名称标识就可以起到引导功能的作用。当通往某个带有名称标识设施的道路很难辨认时就需要引导标识。导游标识也即游览图，在许多设施中便于预先选择想去的目标，是为便于了解行走路线及整个街区或园区状况而设置的。说明标识和限制标识可根据需要用于任何场所。

将这些标识进行进一步归纳、整理后，可分为以下几种：

（一）导向标识

指通过箭头等指示通往特定场所及设施等的路线标识。这类标识上所记载的信息应该限定在多数利用者共同需要的内容上。因此，除文字以外，还可以考虑采用象征图及彩色系列标识等，要注意采用认知性高的直截了当的表现手法。再次细分可以有几个子类：

1. 名称标识，表明地点或名称。当建筑物及设施本身的设计能够表明该建筑是什么时，就没有必要设置这种标识。如果想用标识表示，需要采用认知性好、简单明快的表现，同时，还要考虑造型表现的同一性。

2. 方向标识，常用箭头符号指示行进方向（图 2-1-16）。

3. 导览图标识，提供环境全览图以及各类便利设施位置的标注（图 2-1-17），并且应当标注使用者当前所处位置，尽可能为使用者选择行动路线提供必要信息。这类标识上记载的信息需要有丰富的内容以满足利用者多样化的需求，同时必须做到信息传达内容简明易懂。

4. 说明标识，以较多文字解释说明（图 2-1-17），常见于景点介绍等场合。

图 2-1-16
Viladecans Style Outlets
购物中心方向标识

（二）无障碍设施标识

指示狭义无障碍设施，如国际通用无障碍标志牌以及我国《标志用公共信息图形符号》"第9部分：无障碍设施符号"所规定的 15 个标识（图 1-4-1）。

图 2-1-17　桥园公园导览图标识和说明标识

（三）安全标识

安全标识包括危险警告标识、安全状况标识、限制或禁止标识、强制标识等。危险警告标识用于提示危险，常用黄黑色方案。特别注意危险标识应设置在危险路段或空间以前的适当位置，以预先提醒行人注意安全，减少事故发生（图 2-1-18）。安全状况标识用于指示安全避难场所或流线等，通常是由安全色以绿色为主设计的图形文字符号，常用于表达与消防、避难有关的安全信息（图 2-1-19）。限制标识用于提示限制或禁止人们的某种行为（图2-1-20）。

图 2-1-18　危险提示标识

图 2-1-19　安全状况标识

图 2-1-20　限制标识

五、小结——无障碍标识的常见分类方式

广义无障碍标识的常见分类方式参见表 2-1-4。

表 2-1-4 无障碍标识分类

分类依据	无障碍标识的类型
信息获取的感官来源	常见：视觉标识（图形、文字、视频、光感） 　　　听觉标识（语音、音乐、音效） 　　　触觉标识（盲文、立体） 其他：嗅觉标识 　　　味觉标识
标识的构造安装形式	无障碍常用：附着式（贴壁式） 　　　　　　地牌式（立柱式） 　　　　　　悬挑式（横越式） 　　　　　　悬挂式 　　　　　　地面式 　　　　　　交互式 不常用：融合式、独立雕塑式、屋顶式、屋檐式、高耸式、橱窗式、旗帜
动态静态	静态标识 动态标识：动态屏幕、光线导向式、动态灯箱 综合式
标识处于建筑室内或室外	室内无障碍标识 室外无障碍标识
标识依托城市环境类型	建筑标识 景观标识：公园绿地标识、广场标识 交通标识：一般图形符号、安全标识
服务对象	人行标识 车辆标识 非机动车标识 综合标识
功　能	1.导向标识，包括： 　名称标识：表明地点或名称 　方向标识：指示行进方向 　导览图标识：提供环境全览图与所处地点 　说明标识：以较多文字解释说明 2.无障碍设施标识：指示狭义无障碍设施 3.安全标识，包括： 　危险警告标识 　安全状况标识 　限制标识 　强制标识

表格来源：贾巍杨整理

第二节　标识与障碍人群

一、视觉障碍者的需求

（一）视力残疾与视觉障碍

通常所说的视力残疾包括全盲和低视力两类，而视觉障碍则还包括色盲、白内障等。在我国《残疾人残疾分类和分级国家标准》（GB 26341-2010）中规定：视力残疾按视力和视野状态分级，其中盲为视力残疾一级和二级，低视力为视力残疾三级和四级。低视力也就是通常所说的弱视，其比例远高于盲人，世界卫生组织的数据显示，视力残疾人口中 70% 以上为弱视。视力残疾均指双眼而言，若双眼视力不同，则以视力较好的一眼为准。我国视力残疾的最低标准为：优眼最佳矫正视力低于 0.3（不包括 0.3）或视野半径小于 10°。达不到我国视力残疾标准的还有其他视觉障碍者，如色盲、老花眼、白内障等。色盲一般又称先天性色觉障碍，即不能分辨自然光谱中的各种颜色或某种颜色；而对颜色的辨别能力差的则称色弱。色盲与色弱以先天性因素为多见，且男性患者远多于女性患者。白内障则是指遗传、老化、外伤等各种原因引起眼球晶状体蛋白质变性而发生混浊，而导致视物模糊。

（二）视觉障碍者的行为特征与需求

视力残疾者大多记忆力比常人好很多，为视力残疾者带路去某个地方以后，不少人就可以凭借记忆路线再次找到要去的地方。但是，如果横穿公共空间或反复地转换方向，就会使他们发生定位困难。加之全盲以外的视觉障碍者更为普遍，因而视觉障碍也需要导向标识。在标识环境中，弱视者难以看清文字图形符号，因此最主要的对策就是采用大字体、高对比色、合理照度等。关于色彩设计应达到的最小对比度，目前研究成果不一：日本筑波技短大学吉田麻衣等人的研究表明，老人需要的最小亮度比为 1.5~2.0（即对比度为 33%~50%）；如图 2-2-1，日本鹰巢志乃等人在《关于视觉障碍者用盲

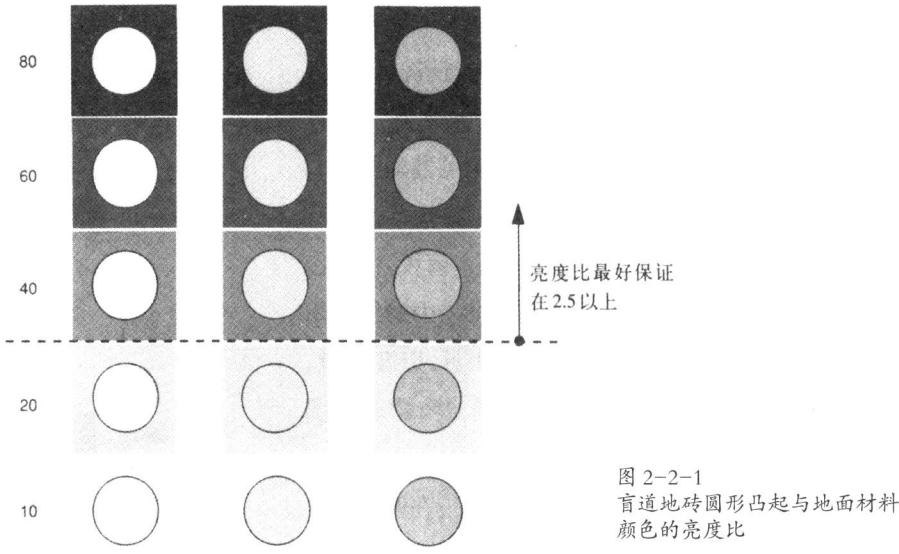

亮度比最好保证
在 2.5 以上

图 2-2-1
盲道地砖圆形凸起与地面材料
颜色的亮度比

道地面材料的色彩与辨别性的调查研究》一书中的实验证明，盲道地砖的材料，其中圆形凸起与地面材料颜色的亮度比大于 2.5（即对比度 60%），视觉障碍者就比较容易辨别；美国乔治亚理工学院的研究表明视力障碍者易辨认标识的最小对比度为 70%；英国布莱特和库克的建筑界面研究结果为视力障碍所需最小对比度为 30%。因此，建议最小对比度至少应达到 30%。

　　另外一个值得注意的问题是，步行时视野不足会导致很难从复杂环境中迅速找到标识。对于视野半径较小的标识使用者来说，尤其是视觉障碍者，导向标识最好采用连续线，因为如果引导线中断，找到前方的连接线会比较困难。此外，还可以使用闪烁的灯光和声音指示。

　　当然，回到大众对视觉障碍者最常见的认知，视力障碍者经常需要依靠盲杖探索路径，凭借记忆或在已知的盲道可及范围内行动。因而，在标识系统中布置和设计触觉类标识也是必要的。

二、肢体障碍者的需求

　　肢体障碍是指人体运动系统的结构、功能损伤造成的四肢残缺或四肢、躯干麻痹（瘫痪）、畸形等导致人体运动功能不同程度丧失以及活动受限或参与的局限。在标识环境设计中通常以乘轮椅者的需求为主来考虑。与标识环境设计相关的乘轮椅者有两个特点：一是因长期坐姿造成视线较低；二是乘轮椅者需要更大的空间进行移动，而由于轮椅本身的踏板、扶手及车轮等装置的阻碍，不能充分接近观察对象。

健全人与乘轮椅者交流时，为了便于交谈，常常需要弯腰或坐下，因此在考虑标识安装高度时必须对此仔细研究。通常情况，成年男子乘轮椅者的视线高度为自地面起1100~1300毫米，成年女子大约低于前者70毫米（图2-2-2、图2-2-3）。标识安装高度应参考此数据，并选择利于观察辨识的位置，即要避免障碍物阻挡乘轮椅者的观察视线。针对需要仔细阅读观看的标识，应尽可能设法使乘轮椅者最大限度接近标识牌。此外，各种高差位置（如楼梯以及台阶）、影响轮椅行进的位置（如陡坡、建筑变形缝）等都会使乘轮椅者难于通行、靠近，因而标识不宜设置在这些位置。还有，使用机械

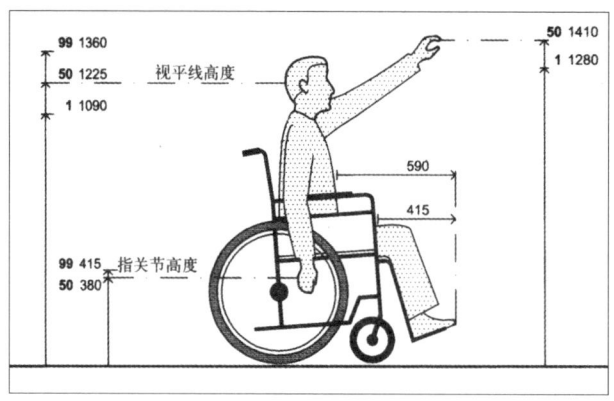

图 2-2-2
成年男子乘轮椅者的人体尺度

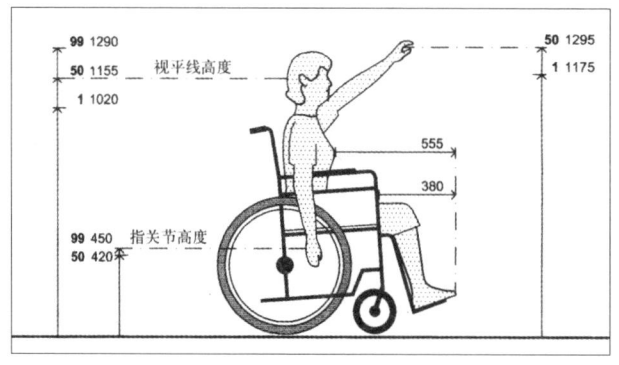

图 2-2-3
成年女子乘轮椅者的人体尺度

轮椅比较耗费体力，应注意轮椅路线简短方便；轮椅不能通行的路段应提前告示，如果标识的信息提示不到位，会导致乘轮椅者走冤枉路从而带来身心的负面影响。总而言之，标识环境的设置，应该确保环境各种情形的综合无障碍性。

三、其他障碍类型的需求

（一）听觉障碍者

听觉障碍者是指由于完全丧失听力或者耳背等原因导致不能或很难通过声音获得信息的人群。对于听觉障碍者，用图形或文字等手段是进行信息传递的有效方式。但是，在发生灾害时，信息就难于传达。使用警报器无效，点灭式的视觉信号是有效的，但是在睡眠时则无效，而此时枕头或随身振动装置较为有效。此外，护理人员的引导也是必要的。门铃或电话在设置听觉信号的同时也需要有视觉信号。近来已开发出适合听觉障碍者用的带扩声器的电话。

（二）老年人

对视力、听力、体力、平衡感觉、中枢神经等所有人体机能的综合状况进行评估发现，65岁以上老年人的人体机能不及青壮年人的一半。而且在身心残疾者中大约六成是老年人，其中很多为重症残疾者。

1. 视觉的变化：在逐渐老去的生理周期，人的视觉功能也随之不断变化，"老花眼"就是一种最常见的变化。老年人眼睛的晶体逐渐变黄、变浊，辨色、看清细部变得困难，因此，在光线较暗的地方，老年人的视力有更剧烈下降的倾向。另一个现象就是老年人从照度良好的空间转移到黑暗的环境时，视觉恢复比青壮年人需要更长的时间，也就是说，人变老后对光线的适应时间延长了。

标识环境的规划设计，不仅应保证单个独立的标识容易辨认，还应对观察者移动视线的情况有所考量，也要避免产生眩光的刺激，并顾及整个标识系统的整体性。因此，在进行建筑环境规划设计时，应同时做好标识的规划设计，如标识的尺寸、位置、安装高度、色彩等，应将标识作为建筑环境的一部分来考虑。在照明环境的规划上，也应与建筑环境进行整体化设计，以保证标识环境光线的充足。

2. 老年性耳背：随着年龄增长而出现的听觉困难被称之为老年性耳背。车站、交通工具和电梯内的广播等声音提示信息应当充分考虑到老年人的这种听觉特征。此外，建筑声环境中的冗余反射声，会导致老年人难以分清对象的声音，因而应减少杂音，通过吸声材料吸收冗余回声等。故声音标识环境也应与建筑环境一起规划。

3. 考虑其他身体变化和心理特征：例如，标识的安装高度应当充分考虑老年人身体尺度的变化，悬挂在高处的标识往往需要长时间仰视，过低的标识需要长时间弯腰低头观看，这都会对老年人的身体造成障碍。

健全人在正常情况下（负重、酒醉者例外）一般是以直达目的地为主，而腿脚不便的老年人、靠拄拐杖行动的人群及下肢残疾者在奔赴目的地的过程中，需要观察路途情况辅助行动，视距离的远近和路面的状态中途进行休息。

（三）外国人与儿童

生活在本地的外国人难以阅读仅有中文信息的标识。因此针对外国人，标识应同时使用英语翻译，或使用易于理解的国际标准化图形符号。

对儿童来说，最好使用图形符号来为之传递信息。因为身高较低，视线的位置要比成年人低得多，所以在儿童使用者较多的环境需要认真考虑标识的安装高度。

四、应对各种障碍类型的标识基本设计策略

（一）充分整合各种信息源

人从环境中获取某种关于行为意义的信息后，以这种信息为依据而采取相应的行为，通过行为的发生来协调自身与环境的相互关系，或去适应和改造环境。人对环境信息的感知是通过人的感觉器官进行的，有视觉、听觉、触觉、嗅觉和味觉。为了充分利用人的各种感觉器官，使残疾人最大限度、最大范围地把握所处环境空间的情况，最大程度减少各种心理不安全因素，环境中应尽可能提供最多种类的信息源，以适合不同障碍人士的不同要求。

视觉信息源：适用于肢体障碍者、听力语言障碍者等。使用高对比度、高辨识度的色彩方案，是无障碍环境设计中的重要手段。如在存在危险的区域应以强烈的色彩和光线并合理应用来加以强调。

听觉信息源：利用听觉判断自身所处的环境及所处的位置是视觉障碍者

在行走中最常用的一种方法。因此在特定的环境中可利用发声装置引导视觉障碍者行进和定位，增强其对所处空间的感知能力。如在人行横道线的两侧、地铁、车站、广场和建筑物的入口及电梯等处设置音响装置，可协助视力残疾者辨别方向和行走，使其安全到达目的地。

触觉信息源：触觉是视觉障碍者认识世界、感知空间的重要方式之一。人的手指触觉特别灵敏，可分辨出对象的大小、形体、质感以及其他微弱变化；脚的触觉能够对所处环境空间特质做出整体判断，从而把握自身所处位置的情形。在国外的一些建筑群体、公园、大学校园中，甚至在一些城市街区，视觉障碍者可使用"触觉地图"，依据行进路线上的发声装置、触觉提示、地理标识、光源变化、墙体材料等各类导向信息所引导的方向前进，在不同场所中将普通文字与盲文同时使用更便于视觉障碍者行动。

嗅觉信息源：嗅觉对视觉障碍者寻找方向及确定路线也有所裨益。如面包店的烘焙香味、医院的消毒水味、田野的花香、垃圾堆的腐臭味等都可帮助视觉障碍者认识特定的环境。

此外，人的每个感觉器官不是独立工作，而是与其他器官彼此影响、相互照应，一起获得外界信息并进行综合分析处理。在不同感官之间还可以进行相互的补偿和协作。例如，视觉障碍者可以像声呐一样通过分析自己的脚步声及环境的反射声来感知环境空间，可以用手指触感来阅读盲文；听觉障碍者可以"以眼代耳"，掌握读"唇语"的技能等。人的感觉还具有一种类似修辞中的"通感"或"移情"的现象，即各种感觉之间产生相互作用的心理现象，对一种感官的刺激作用会触发另一种感觉，例如"冷暖色调"就是以颜色引起人们冷暖的感觉和情绪的变化。

（二）为视觉障碍者设计的标识

视觉障碍者的导向与定位需要依据声音、脚感（地面质感、盲道的凹凸等）、触感（扶手、凹凸文字、触觉地图、盲文等）。色盲、色弱这类障碍者难以辨认色彩标识，应利用提高对比度的方法。弱视者的需求已反复强调，即大字体、高对比度、标识适度照明。

（三）为乘轮椅者设计的标识

针对乘轮椅者，标识的安装位置及高度在设计时应预先考虑。最广泛使用的贴壁式、地牌式、交互式标识应适当降低安装高度；悬挂式、悬挑式标识因本身安装位置较高，应适当放大图形和文字，同时本身不形成视线或通行障碍。

轮椅不能通行的路段，要在路口设置预告标识。现实中轮椅不能通过的路段很多，因此应将可以通行的道路标记在总平面导览图上告知使用者。

轮椅可以使用的卫生间应在无障碍入口处设置总平面导览图，标出其所在位置。

（四）为其他障碍类型设计的标识

为听觉障碍者设计的标识：安全警报信息应通过闪烁或振动的方式提示。

为老年人设计的标识，除具有弱视者标识的特点外，还应具备以下一些特征：因为老年人不容易听到声音的诱导，不易听到警笛警报，有时会出现生命危险，所以为老年人设计的标识同时用大音量或醒目的文字告知为好。老年人总有不放心的感觉，总想反复确认，因此，在每一个路口都需要设置引导标识。

为幼儿设计的标识最好使用色彩鲜艳的、相对比较具象的图形（如花或动物）提示信息。

外国人较多的环境标识最好配置英文文字说明，尤其是针对那些非国际标准、属于我国自创的标识图形。

第三节　标识的设计要素

一、信息传达的设计要素

标识的本质属性是向使用者传达信息，从这个角度来说，为达到信息传播与交流的目标，标识的设计要素必须包括媒介（或媒体）、环境和功能（目的）。其中，媒介是表现要素和信息载体，环境是信息传达的所在领域，功能是信息传递的目的。

标识的基本媒介属性中，能够使用的媒介类型包括文字、图形、图像、色彩、气味、声音、视频等，能够应用的具体表现手法设计要素还包括形状、构造、质感、色彩等。标识系统的实际使用涉及城市的各种环境，如交通、福利、教育、文化、体育、休闲、商业、居住以及综合性环境。而标识的功能要素有导向性（导游、引导）、连续性、指示性（指示、注意）、教育性、安装（建设场地）、地区象征性和广告活动等。

二、标识设计的三要素

在整个城市标识环境的设计中，每一个设置公共标识的主体（信息发送方）都需要正确地表明"标识内容""安装位置""标识形式"。这就是标识设计的三要素（图 2-3-1），是我们进行设计标识时要推敲和决策的主要因素。

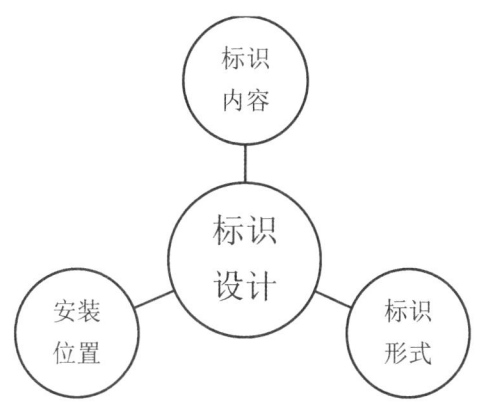

图 2-3-1　标识设计的三要素

（一）标识内容

如前所述，标识的本质是传达信息，也就是说，向使用者呈现出准确而有效的内容是第一位的。如果标识的图形比例匀称、形式美观，但传递的信息内容却令人不知所云或容易引起误解，那么这个标识也是一个失败的作品。错误的标识，只会给人误导，此时的形式美并没有任何价值。

信息内容还应符合相关规范标准。国家、行业和地方有许多法规标准对标识信息内容有明确的规定，设计时一定要严格遵守，否则项目有可能通不过政府城管、消防、环卫和文旅等相关部门的审核验收，最终还会被责令修改。

在标识系统中，标识所表达的内容还必须主次分明、分级处理，并且连续一致。对于复杂空间，标识系统中不同标识应有主次关系，同一标识上的多个信息也应有主次区分，这就要求对信息进行归类、分级，做到层级完整有序，防止出现信息不足、不当或冗余。连续性关键在于同一信息内容在不同类型的标识中表述的一致性，以保证信息传达的连贯性。例如，标识系统对火车站的指引，应避免在标志牌上出现"火车站""高铁""国铁""铁路"等各种不同的名词。

（二）安装位置

标识表达的信息内容确定后，就要决定其具体的安装场所或位置。因安装位置不同，应选择不同的标识类型，其传达效率也有很大不同。只有吸引使用者注目，才达到了传达信息的目的。譬如方向引导标识应尽可能安装在人们易于辨识的位置，才能起到引导的作用。

这里的"安装位置"实质上指的是标识的安装点位，并非指其所处空间环境。但安装位置除了由标识内容决定外，也要依据标识所处的空间环境特点来布置和设计。

（三）标识形式

标识形式涉及的内容很多，例如确定设计原则与视距后，再设定文字信息的字体、大小、图底色彩搭配；需要设计图形符号的样式、尺度、色彩、排版；需要确定标识牌的尺度、安装高度、选择材料和施工工艺等。在选择形式时应该考虑的条件主要包括易识别性、安全性、与环境空间的和谐、经济性、是否便于维护管理等。

标识导向视觉要素主要包括标识形式、色彩、尺度、版式、文字、图形符号、地图、图片、采光照明等。

设置公共标识涉及领域范围的问题，需要与相关政府部门、施工单位、设计师、制造商等诸多方面的有关人员进行合作。标识设置方法上也需要把握更宽的视野，这对标识的设计非常重要。

综上所述，正确地设置标识和标识环境，不但有助于残疾人和老年人的行动无障碍化，而且对健全人的行动方便也可以发挥更大的作用。我们所要设计的标识环境，不仅是让残疾人、老年人容易理解的城市空间，而且对所有利用者来说都是安全舒适、容易理解并充满魅力的城市空间。

三、标识系统的子系统

城市环境标识系统的子系统包含了环境（领域）系统、功能（目的）系统、媒介（表现载体）系统、所属主体系统、环境标识类型系统、环境艺术系统六大子系统（图2-3-2）。

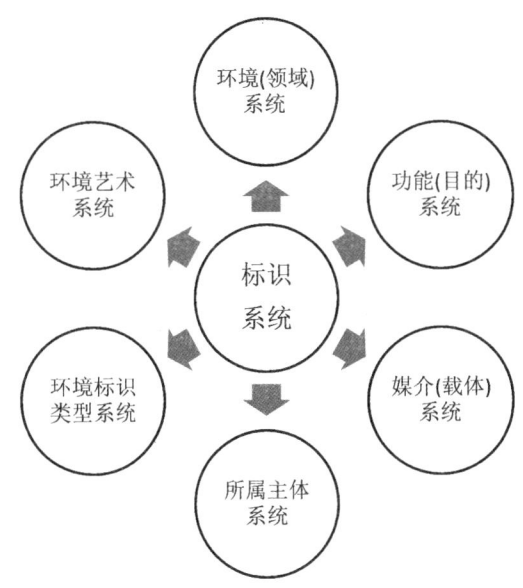

图 2-3-2　标识系统的六大子系统

1. 环境（领域）系统包括承载无障碍标识的各类空间环境及环境设施，包括建筑室内外环境、街道、广场、公园、交通设施等。

2. 功能（目的）系统包括导向指路、提供环境信息、提升环境形象等信息传递功能。

3. 媒介（表现载体）系统包括可视媒介、声音媒介、触觉媒介等不同信息传递的载体。

4. 所属主体系统包括公共标识、社区标识、城市标识等。

5. 环境标识类型系统包括独立牌体标识、环境图形标识、建筑化（景观化）标识、数字标识、智能导向标识、应急避难标识。

6. 环境艺术系统包括标识系统与景观元素整合、与公共家具整合、与公共艺术整合等。

第三章

单体无障碍标识的设计研究

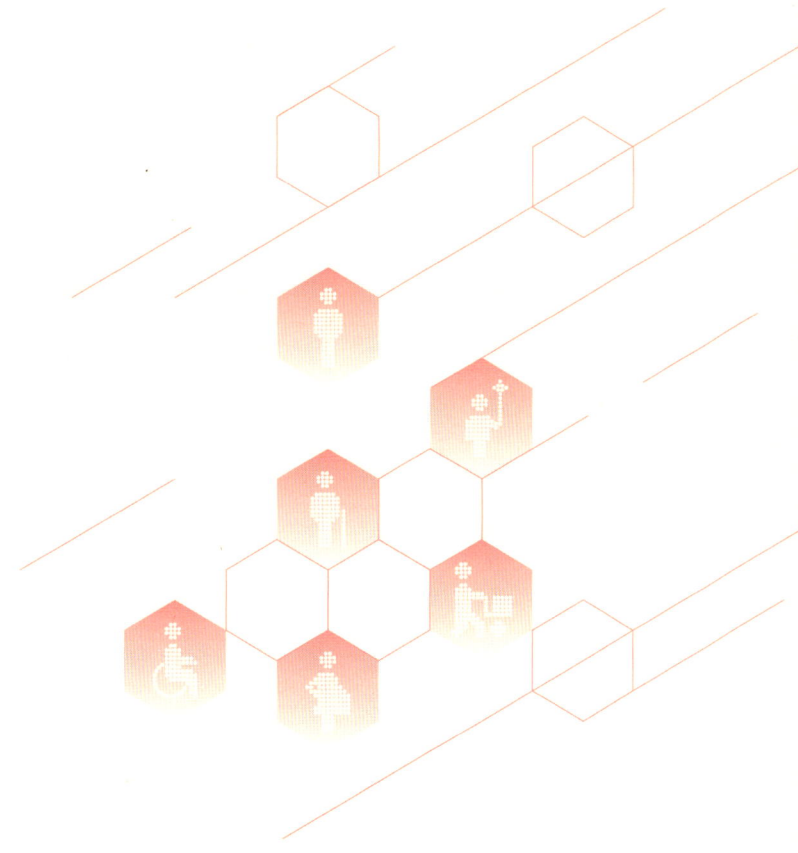

第一节 标识的图形设计

一、标识图形设计元素的选用

无障碍标识系统的图形设计包含了箭头、公共信息图形符号、地点表征图形、叙事图形、图示图形等类别。图形应准确地表达预想传递的信息和意图，避免产生歧义，以"形"达"意"。标志符号应采用象形标志，以图形为主，生动地表达。

在 1967 年纽约近代美术馆举行的交通标识会议上，与会者确定了良好的标识所具备的条件应该是：明确性、最小限度的歧义、标准性和反复性等。虽然交通标识有自己独特的要求，但是上述条件对在任何场合使用的标识都是有参考意义的。

公共信息图形符号部分应满足《标志用公共信息图形符号》"第 9 部分：无障碍设施符号"（GB/T 10001.9-2008）、《公共信息导向系统：基于无障碍需求的设计与设置原则》（GB/T 31015-2014）、《城市公用交通设施无障碍设计指南》（GB/T 33660-2017）等国家规范的要求。

1. 我国标准《标志用图形符号表示规则》"第 1 部分：基本规则"（GB/T 16903.1-2008）指出标识图形元素的一般设计原则包括：

（1）醒目清晰；

（2）易于理解；

（3）易与其预定含义产生联系；

（4）使符号细节尽量少，仅包含有助于理解图形符号含义的符号细节；

（5）易与其他图形符号相互区别；

（6）尽可能将图形符号设计成对称的形式；

（7）基于易被公众识别的物体、行为动作或二者的组合进行设计，避免使用与流行式样有关的图形作为符号要素；

（8）将用于同一领域中的图形符号设计成相同的风格。

2.《标志用图形符号表示规则》还提出了一些具体设计规定：

（1）字符宜仅用作符号要素（即少用文字说明）；

（2）设计时应首先使用实心图形，必要时可使用轮廓线；

（3）图形符号颜色宜为黑色，背景宜为白色，表示否定的直杠或叉形颜色宜为红色；

（4）宜避免使符号带有方向性或隐含方向性。

为了综合地建设标识环境，就要将所有与视觉信息相关的因素整合起来进行研究，并与建筑、照明、通信及各种设备等保持密切的合作。而且，标识环境只有具备了功能性、信赖感、艺术性、舒适性等要求，才能成为令人满意的标识环境。

二、标识图形设计元素的尺度

图形符号的尺度设计主要应考虑满足视觉障碍者能够更容易清晰辨认，因而应当设计得足够大，故国内外设计标准通常都是规定图形设计元素的最小尺度。

（一）图形符号的整体最小尺度

1.图形符号整体尺度的国家标准，我国现行国家标准《公共信息导向系统：设置原则与要求》"第1部分：总则"（GB/T 15566.1–2007）第7.4.1条规定了图形符号标识尺寸与最大观察距离（也称最大视距）的关系由以下公式确定：

$$A=25D/1000$$

注：A——标识图形符号外轮廓方框的最小尺度；D——最大视距。

第7.4.2条还规定：图形标志的最大观察距离确定后，宜按表3-1-1所示尺寸系列确定标识的尺寸。

表3-1-1　图形标识尺寸系列（单位：m）

最大观察距离	图形标识尺寸
$0<D\leqslant 2.5$	0.063

最大观察距离	图形标识尺寸
2.5<D ≤ 4.0	0.100
4.0<D ≤ 6.3	0.160
6.3<D ≤ 10.0	0.250
10.0<D ≤ 16.0	0.400
16.0<D ≤ 25.0	0.063
25.0<D ≤ 40.0	1.000

然而 GB/T 15566.1–2007 的相关规定是针对普通标识的，并没有考虑视力障碍者的更高需求。

2. 图形符号整体尺度的国际标准，建议无障碍标识实际设计工作采用《建筑施工——建筑环境的无障碍和易用性》(Building construction—Accessibility and usability of the built environment)(ISO 21542 : 2011) 的指标。这是一本重要的无障碍设计标准，它较多考虑了残疾人的使用要求。其第 41 条规定：图形符号的最小尺度应由视距来决定。在视距 1~10m 时，标识图形符号外轮廓方框的最小尺度可由如下公式计算：

$$A=0.09D$$

注：A——标识图形符号外轮廓方框的最小尺度；D——最大视距。

与前面的我国标准相比，ISO 21542 对尺度的要求要高不少，为前者的 3.6 倍大。此外，ADA Standard《美国残疾人法案无障碍标准》还规定，无障碍标识图形外框最小不得小于 150 mm（图 3-1-1），可作为参考。

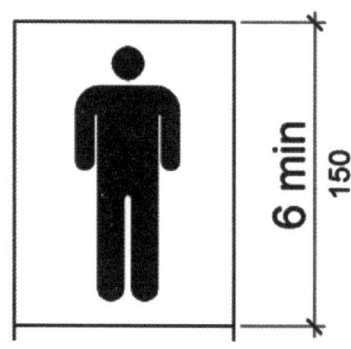

图 3-1-1　ADA Standard 规定的图形外框最小尺寸

3. 无障碍标识的视距，这里多部国内外设计标准均提到了视距尤其是"最大视距"参数。从既有研究文献看，无障碍标识的设计与使用者最大观察视距（Sight Distance）这个参数相关性很大，一般来说，视距越大，标识所需的各种尺度、色彩对比应更大，因而进行量化指标的研究必须考虑这个参数，许多标识设计指标必须依据最大视距来计算，本书后面仍会用到。在建筑空间中最大视距的确定应依据如下原则：

假设在某建筑空间（下部开口示意房间门）内设置 A、B 两个标识（如图3-1-2）。如要求门口的观察者能看清，则最大视距为 L_{A1} 和 L_{B1}；如要求室内任何一点的观察者都能看清，则最大视距为 L_{A2} 和 L_{B2}。

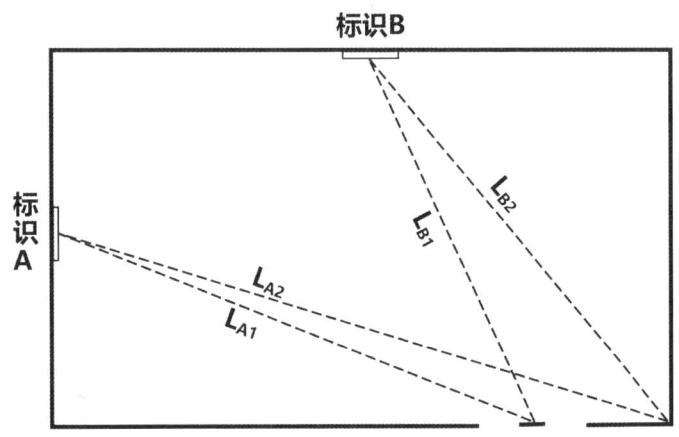

图 3-1-2　标识最大观察视距的确定

（二）图形符号局部元素的最小尺度

《图形符号——公共信息符号的创作和设计要求（NEQ Graphical Symbols—Creation and Design of Public Information Symbols-Requirements）》（ISO 22727-2007）第 6.3 条、6.4 条对标识图形设计元素有一些通用规定，当标识牌使用 70 mm 边长规格模板时：

（1）图形符号的线宽不应小于 2.0 mm，线条之间的距离不应小于 1 mm；

（2）图形符号中最小符号要素的尺寸不应小于 2.5 mm×2 mm。

我国与之对应的国家标准《标志用图形符号表示规则》"第 1 部分：公共信息图形符号的设计原则"（GB/T 16903.1-2008）第 6.6 条、6.7 条则对图形设计元素的尺寸要求略有不同，首先标识牌使用 100 mm 边长规格模板，此时要求：

（1）图形符号的线宽不应小于 2.0 mm，线条之间的距离不应小于 1.5 mm；

（2）图形符号中最小符号要素的尺寸不应小于 3.5 mm × 2.5 mm。

建议设计 100 mm 边长的标识中的图形元素时，可参考国家标准。其他尺寸规格的标识可据此比例来设计，也就是说一般应遵循以下原则：

图形符号的线宽不得小于标识牌短边长度的 2%，线条间距不得小于标识牌短边长度的 1.5%，图形符号要素的最小边长不得小于标识牌短边长度的 2.5%。

第二节　标识的色彩设计

通用性好的无障碍标识色彩除了应适应普通人的观看需求外，尚须满足老年人及视觉障碍者的要求。无障碍标识设计首先要遵循的原则是"易识别性"，而按照建筑光学的观点，影响易识别性的因素包括视锐度（视力）、对比度、视角（物体垂直视线尺寸和视距的比）、照度、识别时间、眩光等。其中色相、对比度是无障碍标识色彩设计最重要的因素。

一、标识的色彩组合方案

色彩的三要素是色相、饱和度、明度。标识的色彩组合方案研究的主要是色相。

城市环境中的通用标识我们能见到的色彩方案，很多是遵循该类标识的设计规范尤其是 ISO 3864 对于标识安全色的规定，如黄黑色的危险警告标识（图 3-2-1）、绿白色的安全出口标识（图 3-2-2），也有为数不少是约定俗成的常用色彩组合，例如国际通用无障碍标识最常见蓝白色的组合（图 3-2-3）。值得注意的是，虽然国际通用无障碍标识常用蓝白色，类似"强制标识"，但并不属于安全标识。

标识要想达成"易识别性"的功能要求，必须让前景色与背景色形成明

图 3-2-1 警告标识

图 3-2-2 安全出口标识

图 3-2-3 无障碍设施标识

显对比。从美术基本原理来说，一种是色相的对比（如红与绿、黄与紫等），一种是明度的对比（深色与浅色）。在国外的资料中能见到一些推荐的设计色彩组合，如表 3-2-1，其中兼顾了色相的对比以及明度的对比。

表 3-2-1　标识推荐的色彩组合方案

背景色 \ 前景色	杏白	苹果绿	碧蓝	黑	白	亮白	褐色	酒红	烛芯白	巧克力棕	金属蓝	海军蓝	松绿	红	铁锈	泡沫	橙红	银灰	板蓝	灰褐	黄	金	银
杏白			●				●	●		●		●	●	●	●				●				
苹果绿				●						●													
碧蓝	●				●	●			●								●				●		●
黑	●	●			●	●			●		●					●	●				●	●	●
白			●	●			●	●		●	●	●	●	●					●				
亮白			●	●			●	●		●	●	●	●	●	●				●				
褐色	●				●	●			●							●	●				●	●	●
酒红	●				●	●										●	●	●			●		●
烛芯白			●	●			●	●		●		●	●						●				
巧克力棕	●	●			●	●			●							●	●	●			●	●	●
金属蓝				●	●	●																	
海军蓝	●				●	●			●							●	●				●	●	●
松绿	●				●	●											●				●		
红	●			●	●	●											●				●		
铁锈	●				●	●											●						
泡沫				●			●	●		●		●	●										
橙红			●	●			●	●		●	●	●	●	●					●				
银灰				●			●		●														
板蓝	●				●	●				●							●				●		●
灰褐				●						●													
黄			●	●			●	●				●	●	●					●				
金							●	●				●							●				
银			●	●			●	●		●		●							●				

注：有圆点单元格对应的前景色与背景色为推荐可选使用的色彩组合方案。

来源：Minnesota State Colleges and Universities, Signage Handbook.

二、标识的安全色

此外，由于国际、国内外一些长期约定俗成的标准对一些特定颜色规定了特殊含义，因此在设计时不应使用与之相抵触的信息。参考 ISO 7001 对于图形标识形状和色彩的规定（表 3-2-2）、ISO 3864 对标识颜色的具体规定（表 3-2-3），我们已经看到红色表示禁止、火灾，黄色表示警告的含义，因而不应再使用大面积红、黄色设计无障碍设施标识，毕竟表达的是告知有可使用的无障碍设施而不是禁止使用或警告危险。

表 3-2-2　ISO 7001 对于一般图形标志形状和安全色的分类规定

标识类型	含义	颜色	形状	示例
禁止标识	禁止	红	圆圈和对角线	禁止明火
强制标识	务必遵守	蓝	圆	使用听力保护设备
警告标识	警告危险	黄	等边三角形	易爆炸材料
安全状况标识	安全设备及出口	绿	正方形或矩形	紧急救护点
防火标识	防火	红	正方形	杜绝明火

表 3-2-3　ISO 3864 对标识颜色的具体规定

含　义	RAL 名称	RAL 编号	RGB 色彩体系 16 进制编号	颜色示例
警　告	黄色	1003	#F9A800	
禁止 / 防火设备	红色	3001	#9B2423	
强　制	蓝色	5005	#005387	
安全状况	绿色	6032	#237F52	
背景和符号	白色	9003	#ECECE7	
符　号	黑色	9004	#2B2B2C	

三、标识的色彩对比度

（一）标识色彩设计的相关参数

标识的色彩对比度是最关键的色彩设计要素，因为色相对比有时并不适用于色盲、眼球晶状体黄化这样的视觉障碍者，例如红绿对比于红绿色盲几无意义，黄灰对比在老年晶状体黄化的眼中亦无大差别；但是色彩的明度对比只要视觉障碍者仍可分辨光线，就有大概率仍然奏效，并且全球视力残疾人超过 70% 都不是全盲。色彩对比度对应的是色彩的明度或亮度，因而在建筑光学研究领域有一个更为常用的与对比度相对应的指标——亮度比，且对比度（ C ，Contrast Ratio）和亮度比（ R ，Luminance Ratio）有如下关系：

$$C=（1-1/R）\times 100\%$$

与建筑标识较密切的因素还包括视锐度、视距和照度。视锐度即我们通常所说的视力，根据我国《残疾人残疾分类和分级》国家标准，目前视觉障碍者的主要最低标准为最佳单眼矫正视力低于 0.3。本书著者的课题研究国家自然科学基金项目《建筑无障碍标识色彩与尺度量化设计策略研究》（项目编号：51408404）中视锐度参数采用"双眼同视视力"，相对而言更符合标识实际应用环境，因使用者一般是双眼同时观察的。视距是影响观测者效果的重要因素，前面已经多次提及，视距越大，需要标识对比越强烈。照度则是环境条件，标识有良好照明的情形下，更容易辨认。

（二）无障碍标识色彩设计的文献研究

针对视觉障碍者的色彩设计相关量化指标研究目前全部基于主观评价实验，这些学者大多将对比度或亮度比作为主要指标，然而成果却不尽相同，甚至存在不少争议。1974 年日本鹰巢志乃在盲道的色彩设计方面的研究提出亮度比应大于 2.5（即对比度大于 60%），可供标识设计参考；1985 年美国乔治亚理工学院的研究表明视觉障碍者易辨认标识的最小对比度为 70%，并写入《建筑障碍法》配套手册；1995 年日本吉田麻衣等人的研究显示，老年人需要的最小亮度比为 1.5~2.0（对比度 33%~50%）；2004 年英国布莱特和库克的建筑界面研究结果为视力障碍所需最小对比度为 30%。这些指标被指出考虑因素不足，如 1993 年沃尔普研究中心的报告也指出色彩对比度要求还与色相和视距有关，如图 1-3 常用类型标识往往有标准色，人的视觉敏感度对不同光色不一致，并且他的实验结果表明黄色标识只需 40% 对比度。面对争议不断，美国《残疾人法案》的配套设计标准甚至取消了其前身《建筑障碍法》标准的参考指标。2011 年版 ISO 21524 第 41 条对标识图形提出的对比度参考指标为 60%。国内相关研究很少，我国现行国家标准《公共建筑标识系统技术规范》（GB/T 51223-2017）第 5.3.6 条规定人行导向标识版面的底色及版面元素的明暗对比度不应低于 30%，这很大程度上是承袭美国较早的《建筑障碍法》相关规定；台湾赖建荣实验对比了 4 种字体颜色的易读性；孙立晔提出了照明设计中良好视觉要求的主景与环境的亮度比对健全人范围为 1.1~3 并推荐 2.0（即对比度 50%）。目前该领域研究仍在继续研讨和发展。

（三）无障碍标识色彩设计的实验研究

在国家自然科学基金项目《建筑无障碍标识色彩与尺度量化设计策略研究》中，对无障碍标识所需最低亮度比也做了实验研究。相较于对比度，亮度比是可以直接测量的，计算更为容易。实验方案预先设计了三套前景与背景色组合色彩方案的标准无障碍标识（绿白、蓝白、黄黑，图 3-2-4、图 3-2-5、图 3-2-6）。设计时采用了 LAB 色彩体系，相较 RGB 等色彩体系的优势是能够等阶改变 L 值以获得不同亮度比，而不影响色相与彩度（但统计数据时采用亮度计实测值，实测为 1.12~12.03）。绿、蓝、黄三色在 LAB 色彩体系的设计 AB 值分别为（-47, 27）、（12, -44）、（-3, 85）。实验所用主要仪器材料为：Konica LS-100 色彩亮度计、照度计、双距离 E 字母标准视力表（测试 3 米、5 米处双眼裸眼视力并取平均值）、三套色彩方案且亮度比渐变的无障碍标识样本（图 5~ 图 7）、实验数据量表。实验环境为：在竖直白板上张贴标准视力表，并在固定位置轮换张贴单张标识样本，现场实测表面照度为 310 lx。测试人员对象按照生物统计学样本数量要求，邀请共 30 位大学生志愿者进行了裸眼测试实验。实验测试对象中有 20 位裸眼双眼同视视力低于 0.4，大致相等于我国视力残疾标准，原因是根据研究文献，多数人双眼同视视力比单眼视力要高约 0.1。

同时在建筑设计常用的中短视距情境下，标识的视距越大，清晰辨认所需的色彩亮度比越大。对最低亮度比与视距的量化关系进行回归分析，均取得了较好的拟合度（R^2），结果如图 3-2-7。

也即如下量化关系：

图 3-2-4 亮度比渐变的绿白标识样本

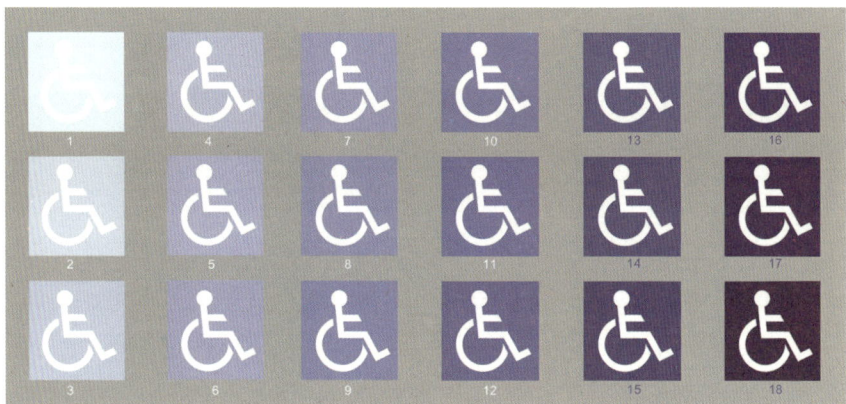

图 3-2-5 亮度比渐变的蓝白标识样本

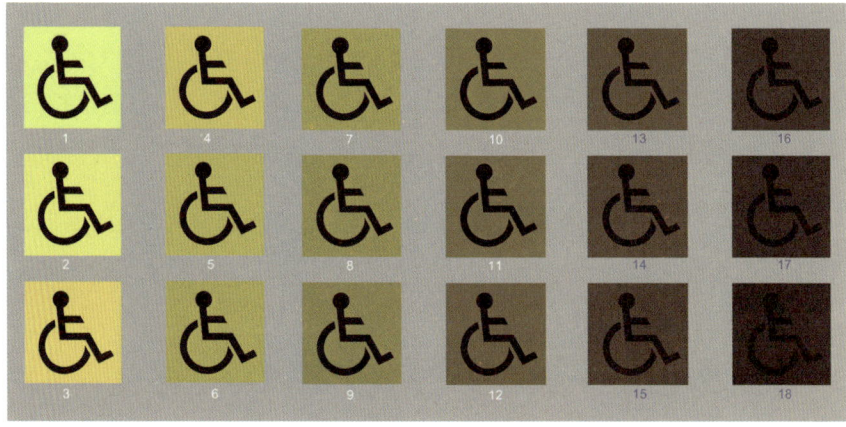

图 3-2-6 亮度比渐变的黄黑标识样本

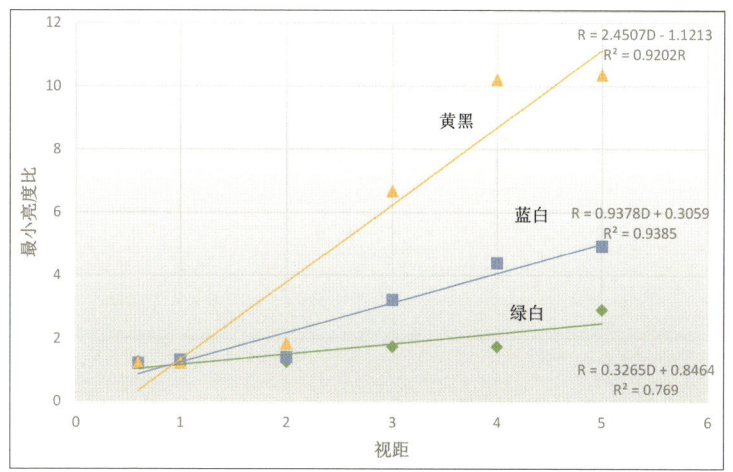

图 3-2-7　最低亮度比与视距的回归分析图

$$RL（绿白）=0.3265D+0.8464$$

$$RL（蓝白）=0.9378D+0.3059$$

$$RL（黑黄）= 2.4507D-1.1213$$

注：R——清晰辨认标识所需的最小色彩亮度比，D——视距（m）。

从文献研究和实验统计结果看，最低亮度比虽然随着视锐度（视力）增加而大致降低，但并未呈现明显的量化回归关系（拟合度 R^2 值均较低）。

综合实验与分析的结果，可归纳简化获得数条建筑无障碍标识的量化设计策略，即除了遵守《标志用图形符号表示规则》《无障碍设计》等现行规范标准，还可参考表 3-2-3 所示指标。

在中短视距、表面照度满足规范的情况下，宜优先选用白色图文与深色图底方案（指通常情况下的图文面积＜图底面积时）；

应选用高对比色方案，标识图底亮度比的最小值建议依据观察视距按表3-2-4 计算确定，以保证标识的可识别性。

表 3-2-4　无障碍标识的色彩亮度比建议设计取值

视距（m）	建议标识色彩亮度比	相应色彩对比度
≤ 2	≥ 2.0	≥ 50%
2.1–5	≥ 5.0	≥ 80%

来源：贾巍杨统计分析

第三节　标识的字体设计

一、标识字体类型和风格的选用

平面设计时可选的字体类型和风格多种多样，然而，很多字型并不适合视力障碍者的辨认。公认的设计原则认为：特征复杂、装饰较多、笔画粗细不均的字体相对难于辨认。术语"衬线"指的就是字母、数字、汉字等字符结构笔画之外的装饰性笔画，有衬线的字体叫衬线体（serif），没有衬线的字体，则叫无衬线体（sans-serif）。设计经验表明，在相同条件下，中文使用黑体、等线体类等无衬线的字体有利于弱视者辨认。对于英文字母，也应选择笔画均匀简洁、无衬线的字体。相对于只用大写字母的标识，同时使用大小写的标识更易理解。考虑视力障碍人群尤其是盲人的需求，普通的字型也宜设计为立体形状以供触摸辨认。字体的选择原则参考表3-3-1。

表3-3-1　标识字体选用原则

使用情境	中文	英文、数字
一般标识（少量文字）或标题宜采用的字体	无衬线字体（笔画无装饰、等宽）：黑体、等线体	无衬线字体
大段文字（如说明标识）宜采用的字体	宋体、细黑、细等线体	有衬线或无衬线、字型较为简洁规矩的字体
不宜采用的字体	斜体，笔画过细或装饰过多、较难辨认的字体，如：仿宋、草体、篆体、空心体等；不宜使用繁体字、不规范汉字	斜体，笔画过细或装饰过多、较难辨认的字体，如：花体、哥特；单词不宜全部使用大写字母
视力障碍者使用的可触摸凸起式立体字	应设计为笔画圆滑倒角的字体，不得使用硬角、尖锐倒角字体	

来源：贾巍杨整理

二、标识字体尺度

（一）字体大小

标识字体设计考虑的关键要素是其尺度，在平面设计中常用的就是字号，其单位是磅（pt）。设计字号需要考虑的要素有最大观察视距、汉字笔画、照度、字体等。在本书编写组的课题国家自然科学基金项目《建筑无障碍标识色彩与尺度量化设计策略研究》中，对标识的汉字字号也做了定量研究。

1. 既有文献研究，美国学者彼得和亚当以及史密斯分别提出了易用的标识字体设计公式，是目前对于英文数字设计最为广泛引用的成果，即 Peters & Adams 公式以及 007 公式：

$$H=0.0022D+25.4（K_1+K_2）$$

$$H=0.007D$$

注：H——字符高度（mm）；D——视距（mm）；K_1——与内容重要性的相关系数；K_2——与照明条件的相关系数。

上述成果是在交通工程领域的研究，实际是针对普通人的实验结果，并没有专门针对视力障碍者。ISO 21542 第 40.5 条也给出了字母大小参考值，由于这本标准主要考虑了残疾人的使用，因而该指标要求是比较高的，即：

$$H=0.02D\sim0.03D$$

注：H——字符高度（mm）；D——视距（mm）；且字体最小高度不得小于 15 mm。

美国 ADA Standard 残疾人法案无障碍标准第 703.5.5 条对字体大小的要求也比较复杂，见表 3–3–2。

表 3–3–2 ADA Standard 对字体大小的规定

字符基线距地面高度	视距	字符最小高度
$1015 < h \leqslant 1780$ mm	< 1830 mm	$H=16$ mm
	≥ 1830 mm	$H=16+3.2×（D-1830）/305$
$1780 < h \leqslant 3050$ mm	< 4570 mm	$H=51$ mm
	≥ 4570 mm	$H=51+3.2×（D-4570）/305$
$H > 3050$ mm	< 6400 mm	$H=75$ mm
	≥ 6400 mm	$H=75+3.2×（D-6400）/305$

注：H——字符高度（mm）；D——视距（mm）；h——字符基线距地面高度，最低 1015 mm。
来源：ADA Standard

英国标准《满足残疾人需求的建筑设计方法》（BS 8300–2009）（Design of buildings and their approaches to meet the needs of disabled people）按视距分组规定了小写字母的高度，见表3-3-3。

表3-3-3 英国标准 BS 8300-2009 对字体大小的规定

视　距	标识类型	小写字母高度（mm）
远视距	走近建筑看到的标识	最小 150
中视距	导向标识	50~10
近视距	房间标牌	15~25

来源：英国标准 BS 8300–2009

前述成果描述的均是西文标识文字，由于汉字的结构与英文数字有较大不同，其对视力障碍人士使用的要求必然差别较大，尚需要深入研究。日本原《交通无障碍法》是主要的有关无障碍标识的法规标准，其对无障碍标识有不少规定，与汉字有一定关联，该法规字体大小按标识观察视距分 5 组分别对日文和英文做了规定，见表3-3-4。

表3-3-4 无障碍标识最小设计文字高度与视距的关系

观察视距	汉字字体高度	英文数字字体高度
1~2 m	9 mm	7 mm
4~5 m	20 mm	15 mm
10 m	40 mm	30 mm
20 m	80 mm	60 mm
30 m	120 mm	90 mm

注：汉文字体高度是以宋体"木"字作为基准，笔画较多的汉字最小高度还应增加。
来源：日本建筑学会，无障碍建筑设计资料集成

其中特别值得注意的是：日本原《交通无障碍法》对于汉字的规定是基于 4 画汉字，但是常用标识的汉字绝大多数都是笔画更多的汉字，因此按此规定设计汉字很可能会字号偏小。基于此研究需求，著者的相关研究课题——国家自然科学基金项目《建筑无障碍标识色彩与尺度量化设计策略研究》开展了比较深入的人体工学实验研究。该项目考虑了通用设计的理念，设计了字体实验，邀请共 30 位大学生志愿者为测试对象参加，其中有 12 位裸眼双眼同视视力低于0.4，相当于我国视力残疾的最低标准。研究结果得到了标识汉字清晰辨认最小尺度。

2. 标识字号与视距，字号的选择以最小字号来控制，应在满足规范要求的照明条件下进行，即标识标明的照度应在 150~500lx。

（1）对于中文字体，使用如下公式计算：

$$P=43.921D+2.8702$$

注：P——字号（pt，即平面设计字体常用单位"磅"，1 磅 =1/72 英寸 =0.3527 mm）；D——观察视距（m），一般取标识所处环境使用的最大视距。

（2）对于英文数字字体，建议最小可取汉字字号的 1/2~1/3，或使用如下公式计算：

$$P=23D$$

（3）在照度较低条件下，应适当增大字号。

（4）为视力障碍者设计的可触摸凸起式立体字，最小字号不小于 48 pt，即 15 mm。最小字间距字母数字不小于 2 mm，汉字不小于 4 mm。

3. 笔画对所需字体大小的影响，汉字笔画数的增加也是导致字体可读性降低的主要原因。对弱视者而言，无论哪种字体，其 10 画以上汉字的视距明显低于 1–9 画的字。笔画数的增加，一方面导致了认知加工时间的增加，另一方面使汉字的空间拥挤，笔画间的空隙减小，掩盖了字的细节和特征，降低了字的易识别性。本书著者实验研究的成果表明：清晰辨认所需的汉字字号虽然随着笔画数增大，但并未呈现明显的量化关系，即不能仅根据汉字笔画设计字号，因为字号还与汉字结构包括笔画粗细、间距等参数相关。

（二）其他字体要素的尺度

1. 笔画粗细，过粗或过细的笔画均导致文字辨识度降低。过粗的笔画使字体笔画空间减小，过细的笔画在高亮度下，因字符的背景亮度加大，而影响辨认。文字笔画与空隙和背景的比例关系均要控制好。

美国 ADA Standard 规定了视觉标识的字符笔画粗细：大小字母"I"笔画最小 10% 字高，最粗 30% 字高。

2. 字高宽比，美国 ADA Standard 规定了视觉标识选取字体的宽高比：所选字体的大写字母"O"宽度应在大写"I"长度的 55%~110%。

对外文和数字采用 3：2–5：3 的高宽比，字距采用 1.2 d—1.4 d（d 为笔画宽度），词语间隙≥ 3.0 d，行距≥ 1/3 h（h 为字高）；对汉字可采用 3：2—4：3 的高宽比，字距采用 0.25 h—0.30 h（h 为字高），词语间隙≥（0.75–1）h，行距≥ 1/3 h。

第四节　标识的版面设计

版面设计的实质是标识信息的组织形式，因此也是标识设计的重要环节。

一、版面信息的组织

标识版面信息内容的组织是高效传达信息的重要手段。在标识版面设计的过程中，首要的工作是根据标识系统的分级，确定标识单体上应当呈现的信息内容，特别是那些重要空间节点上信息较为复杂的标识，如公园入口的综合导向标识，一般包含导览总图、景点信息、设施位置、公园介绍等。之后的工作就是需要对标识上的信息按照逻辑关系进行分析，分类、分级进行合理组织。

（一）版面元素的组织

标识版面的信息应易于辨认，符合常规阅读习惯。图形文字的设计和尺度应符合本章前述要求。

（二）信息内容组织逻辑

信息内容的组织可以选择合理的逻辑顺序来划分和排列，可供选择的逻辑原则包括空间逻辑、时间逻辑、字符逻辑、类别逻辑、等级逻辑。空间逻辑是指按照空间节点的位置和地理方位关系来排列，主要适用于有关路径和目的地的信息内容，例如将同一路径方向的目的地归为一组。时间逻辑主要适用于涉及时间秩序的信息内容。字符逻辑是指按照数字、字母、汉字读音或笔画顺序组织的方式，比较符合人们日常的生活习惯，当信息内容有字母或数字等字符编码特征时可采用。类别逻辑适用于标识信息具有明显分类特征的环境，如在一些机场的导向标识设计中，就将航班信息和服务信息进行了分类，并在版面设计中加以区分（图3-4-1）。等级逻辑是指通过信息的分级来确定其主次关系，等级关系的确立有利于在版面设计时突出主要信息，

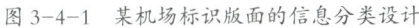

图 3-4-2　阿德莱德市某道路导向标识

图 3-4-1　某机场标识版面的信息分类设计

帮助人们快速掌握重要内容。如澳大利亚阿德莱德市的道路导向标识就采用等级逻辑对版面进行了信息组织（图 3-4-2）：根据目标远近进行了等级划分，距离较近的目标作为主要信息，用比较大的字体和图形符号表示；比较远的目标则作为次要信息，用小字在地图中表示出相应位置，以追求信息表达的简洁和醒目。

二、国内外标准相关规定

国内外标准对标识版面设计的要求多为控制图文的间距。ADA Standard《美国残疾人法案无障碍标准》规定：字符间距应位于字符高度的 10%~35% 区间，字符基线行间距应位于最大字符高度的 135%~170% 区间内。

我国标准《公共建筑标识系统技术规范》（GB/T 51223–2017）中规定了人行导向标识版面设计对文字、图形、符号的间距要求，为保证各元素之间比例协调，间距应根据汉字高度确定，见表 3-4-1。

表 3-4-1　文字、符号、图形等版面元素的间距

版面元素关系	间距	
	列距	行距
汉字与汉字	/	0.6 h
箭头符号与图形	0.5 h~0.9 h	/
汉字与图形	0.25 h~0.5 h	0.5 h
汉字与其他文字	0.25 h~0.5 h	0.25 h
英文字体	0.75 X	0.5 X（词组）/X（两不相关单词）

但以文字的版面设计要求：文字分布应充实、均匀，位置应居中；文字与标识上下边缘的间距不应小于 $\frac{1}{4}$ 汉字高度，与左右边缘的间距不应小于 $\frac{1}{3}$ 汉字高度；带有边框时，边框线宽宜为 $\frac{3}{100}$ ~ $\frac{5}{100}$ 汉字高度。

三、版面设计编排原则

总结中外标识标准，可以得出以下版面设计原则：

（1）标识版面设计应模板化、模数化、网格化。模板化的方法使得标识的排版呈现内在逻辑，同类信息内容出现在固定的位置；模数化方便信息内容的分级归类；网格化使用二维网格限定图文符号要素的关系，形成清晰、

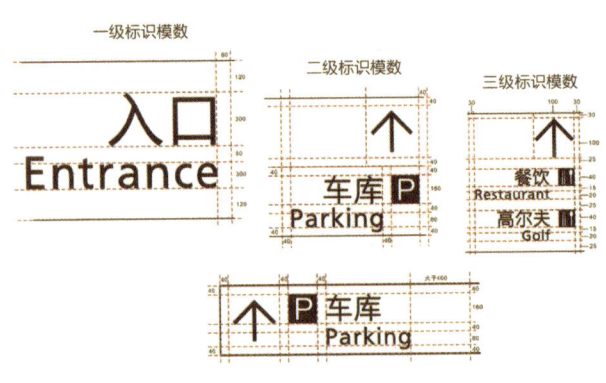

图 3-4-3　标识版面的模板化、模数化、网格化

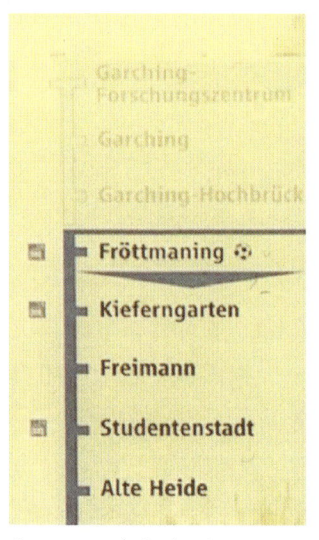

图 3-4-4　色彩对比组织版面信息

连贯、易读的版面形式（图3-4-3）。总体能够控制标识整体的比例与秩序，保证清晰度、准确性和严密性。

（2）标识版面设计应合理组织层级关系、突出重要信息。标识应依据信息的属性、类别、等级、秩序等区分控制复杂信息，通过视觉表达的对比关系（如色彩对比，图3-4-4）来设计版面，以强调信息层次关系或逻辑联系，使标识系统信息传达更为清晰易读。

（3）版式设计应在确定视距后再设计标识的文字、大小、底色与文字颜色之间的关系等。元素之间的布局关系，在图文并用时应呈上图下文；汉字与英文或拼音并用时应中文在上、英文或拼音在下；文字应从左到右横向布局（部分少数民族文字例外）。

（4）版面元素之间的间距应根据汉字或其他字符的字体高度确定，可参考表3-4-1的规定。

（5）版面元素与标识边缘的最小距离不应小于标识牌短边长的10%，汉字与标识边缘的间距不宜小于汉字高度的$\frac{1}{4}$。

第五节　标识牌的设计

一、标识牌造型

标识牌的造型肯定需要考虑其艺术性，但无障碍标识也需要重点考虑其功能性，综合来看应遵循以下原则：

1.无障碍标识环境系统设计在选用标识造型时应注意与建筑空间的整合性、作为标识的醒目性、安全性、易于维修和经济性。

2.标识系统的形态应与环境空间的风格相一致。

3.标识的尺度应与环境空间协调，并应避免对行人造成安全隐患。

4.标识本体的设计应考虑材料特性，宜选用环保、经济、安全、耐久的材料。

5. 标识类型的选择应考虑使用者在空间环境中的主要观察方式，如在线性空间（如走廊）中，宜以悬挑式、悬挂式为主，而空旷环境则宜以贴壁式、立牌式为主。

二、标识牌的尺寸规格

前面介绍了标识图形的尺度要求，标识牌的尺度要求与之十分相近。

（一）国内外标准的规定

我国现行国家标准《公共信息导向系统 设置原则与要求第1部分：总则》（GB/T 15566.1 -2007）第7.4.1条规定了图形标志尺寸，也即标识牌的最小尺寸，其与最大观察距离的关系由以下公式确定：

$$A=25D/1000$$

此公式是针对普通标识的，并没有考虑视力障碍者的更高需求。

《建筑施工——建筑环境的无障碍和易用性》（ISO 21542 : 2011）（Building construction—Accessibility and usability of the built environment）的第41条规定了图形符号的最小尺度：

$$A=0.09D$$

注：A——标识图形符号外轮廓方框的最小尺度，D——最大视距。

而标识牌本身显然不能小于此尺度。

（二）标识牌尺度的设计要点

无障碍标识牌的尺寸应根据使用者最大观察视距来设计

1. 标识牌或符号的最小尺寸应与其观察视距相匹配，宜根据以下公式计算：

$$L=0.09D$$

注：L——标识牌短边长（m）；D——最大观察视距（m）。

2. 标识牌的边长，应成规格化，宜采用50 mm作为模数。近距观察标识，例如走道上的贴壁式标识可采用100 mm×100 mm，而远距观察标识，如广场上的重要信息标识可采用400 mm×400 mm。

三、标识的安装位置和高度

前文已经论述，不同类型的标识本身对安装位置的要求是不同的。而标识的安装高度，一般是指标识牌中心或标识图形几何中心到所在地面的垂直高差。

ISO 21542 规定对于贴壁式标识要求其图文内容应在距地面 1200~1600 mm 范围内，悬挂式标识要求底边净空不小于 2100 mm（图 3-5-1）。对于贴壁式门牌标识，还规定应当设置在门闩一侧的墙上，且距离门框外边缘宜为 50~100 mm（图 3-5-2）。

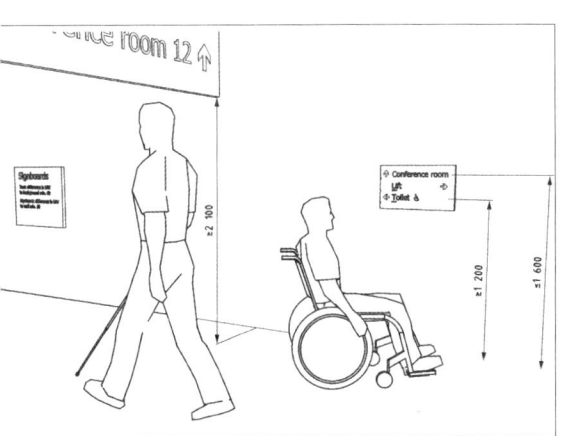

图 3-5-1　ISO 规定的标识安装高度　　　　　　　　　　图 3-5-2　门闩旁的门牌标志

英国《满足残疾人需求的建筑设计方法》（BS 8300-2009）有不少无障碍标识的细节规定，如悬挂式标识最低 2300 mm。

（一）无障碍标识安装高度的理论分析

无障碍标识的安装高度首要考虑的使用对象是乘轮椅者的观察体验，建筑设计条件下更常用近距离（500 mm 以内）观察的标识。事实上，人眼近距离平视能够清晰观察物体时俯仰视线角度是不同的，日本资料为仰角 30°、俯视角 40°，美国资料为仰角 25°、俯视角 35°，可用于研究贴壁式和地牌式标识。查询《中国成年人人体尺寸》（GB 10000-88 虽然数据较老，但仍是目前仅有可用的较为全面的中国人体数据），成年人眼高为男子 1568 mm，女子 1454 mm，并按照常人乘轮椅视线降低 400 mm，使用作图法计算分析 100 mm 视距下（图 3-5-3）健全人与乘轮椅者的重合视野范围，从而得到标识安装高度合理区间或平均中心高度（表 3-5-1）。考虑我国人均身高十几年来有所增加，建议的安装高度值为 1180~1250 mm。显然这种方法相较日本无障碍交通法的算术平均法更科学。

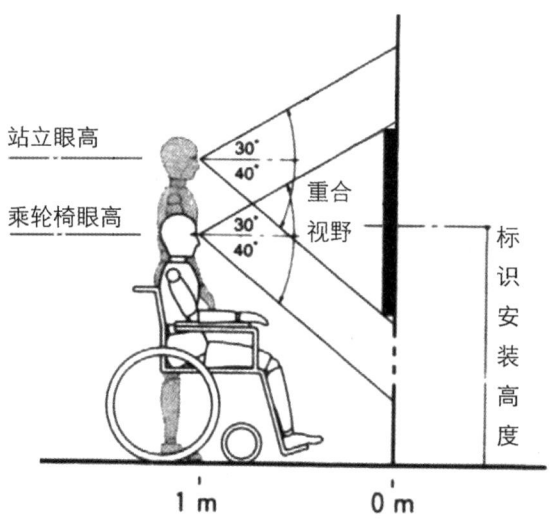

图 3-5-3　作图法计算贴壁式标识安装高度

表 3-5-1　健全人与乘轮椅者 1 m 观察标识的重合视野范围及其中心高度

视角取值	男子通用视野高度范围	女子通用视野高度范围	男女通用视野中心高度算数平均值
仰角 30°，俯视角 40°	729~1745 mm	615~1631 mm	1180 mm
仰角 25°，俯视角 35°	868~1634 mm	754~1520 mm	1194 mm

来源：贾巍杨分析计算

对于悬挂式、横越式无障碍标识，考虑安全高度以及通常门的最低高度，笔者建议安装高度底面边缘最低为距地面 2200 mm；此外应考虑乘轮椅者远观视角以及不被前方行人遮挡的高度，由于二者均为动态过程，因此计算条件极为复杂。根据日本《交通无障碍法》对远距标识的安装位置以可视夹角所做的规定，应满足基本条件，即标识最远观察点视角在仰角 10° 以内。

无障碍标识安装高度还需按标识类型涉及的用户类型（乘轮椅者、视觉障碍者、使用助行器者、儿童、老人等）因地制宜具体分析，如带盲文标识须考虑人体伸手触摸较舒适的高度，仅盲人使用时（如扶手上的盲文标识）大约为肘部高度上下，我国成年男子为 1024 mm，女子 960 mm；儿童为重要使用对象的环境还需考虑儿童的视线高度，但各年龄段人体尺度差异较大，设计时应做特殊分析；老年无障碍设计因无参考尺度标准，只能参照成年人尺度设计。

（二）标识安装高度的设计要点

标识安装高度的设置与标识构造类型相关性强，建议参考以下要求：

1.悬挑式和悬挂式标识，标识牌底边最低高度距地面应大于2200 mm；

标识牌所处空间宜在乘轮椅观察者视线向上10°以内，且视线不被他人遮挡（图3-5-4），以眼高1175 mm计算，即标识顶边最高高度为：

$$H=1.175+D \cdot \tan10°$$

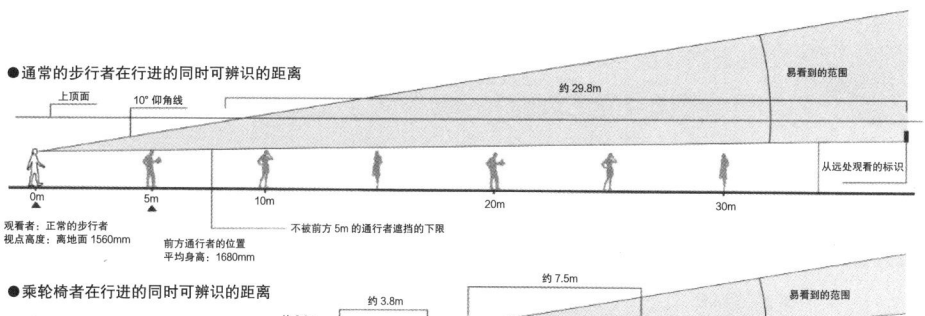

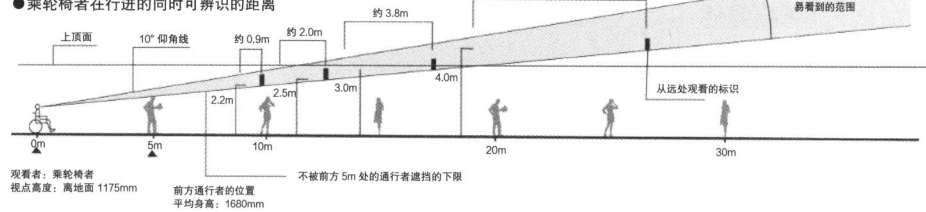

图3-5-4　乘轮椅者行进时能见的视线范围

2.近距贴壁式、地牌式及融合式标识，最大视距600 mm以下为近距标识，应考虑乘轮椅者、儿童的视线，建议安装高度为1200~1400 mm。以儿童为主要使用者的环境，如小学、儿童医院、游乐场所等，建议安装高度为900~1200 mm。

3.远距贴壁式、地牌式及融合式标识，主要考虑视线不被遮挡，要求同1。

（1）如果观察者与标识所处地面不在同一水平面，应对高差予以修正，并且需要考虑视线遮挡的标识类型仍需保证底边最低高度应大于2200 mm。

（2）为视力障碍者设计的盲文标识或立体凹凸标识的可触摸部分，高度应处于800~1500 mm范围内。

第六节　标识的照明与光环境

一、标识的照明方式

光线是物体被视觉感知的前提，光线不仅可以照亮物体，还可以强调物体的形态变化，改变物体的色彩、强化视觉效果，从而使标识更清晰地被感知。

标识的照明设计重点在于如何充分利用人工光，使光在方向亮度分布上都能满足视觉感知的要求。无障碍标识的使用者具有特殊性，这要求其照明设计要根据所需照度，在节约能源的前提下，选择光源品种和灯具，确定照明方式和布置方案。

（一）直接照明

直接照明分为外投光和内投光，是指光源直接将光线投射到无障碍标识上，此种方式在室内室外使用广泛，按其光源位置的不同，又可以分为外投光和内投光。

1. 外投光，指光源在标识外部投射（图 3-6-1），多应用于室外环境标识照明中。外投光的光源可以采用 LED 灯、卤素灯、汞灯、钠灯等。根据《公共建筑标识系统技术规范》，室外标识采用直接照明时，直接照射范围应控制在标识范围内，外溢杂散光和干扰光数值不应超过 20%。

2. 内发光，是指光源在标识内部进行投射，相比外投光，其主动发光性更强，光源多采用 LED 灯。内投光有两种常见的形式：

（1）光源隐藏在标识里，标识的主体部分——图形或字的部分透光，背景不透光（图 3-6-2）；

（2）标识主体不透光，边缘或背景透光，形成边缘照明（图 3-6-3、图 3-6-4、图 3-6-5）。由于内投光要将光源完全隐藏于标识后面，因此标识一般都比其他类型的标识更厚，多采用灯箱装置，留出空间安装光源和附件。

图 3-6-1　外投光照明标识

要注意的是，如果采用图形或字体部分透光的照明方式，首先要选择合适的字体与大小以更好地传达信息；其次要调整光源的投射角度，使字体或图形不会产生自身遮挡；最后要注意后期维护，以免光源失效导致信息错误。

采用直接照明需要注意以下两点：

（1）由于不同灯具光源发出的光线的色温不同，会导致标识本身颜色产生变化。3300 K 以下的低色温，光线呈现浅黄色的"暖白"；中色温为 4500~6000 K，光线颜色接近裸眼白，即"白色"；7500K 以上的高色温，光线呈浅蓝色的"冷白"。因此，在设计过程中，要综合考虑场所特征、标识环境、标识特点来选择合适色温的照明灯具。

（2）要避免产生眩光。《国际照明工程词汇》对眩光的定义是由于亮度分布不适当或者亮度变化幅度太大或空间、时间上存在极端对比形成

图 3-6-2
标识主体透光，背景不透光

图 3-6-3
标识主体不透光，边缘透光

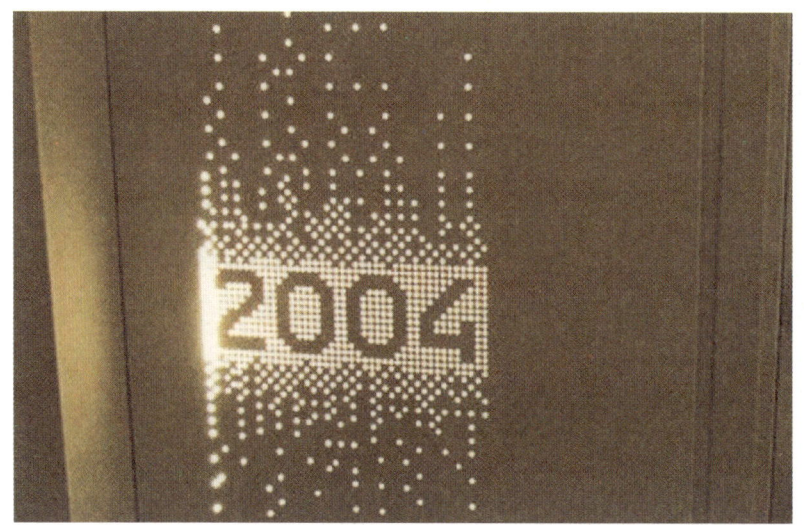

图 3-6-4　标识主体不透光，背景透光

图 3-6-5　标识主体不透光，背景透光

图 3-6-6　利用照明制造光影效果的标识

的。眩光产生的原因很多，如高亮度光源直接进入人眼、镜子或玻璃等光泽表面反射光源进入人眼、标识照射强度过高或标识与环境亮度反差过大，等等。要避免眩光，首先要限制直接眩光，避免光源裸露；其次要限制反射眩光，可以调整光源的位置和照射角度，还可以调整标识材质和肌理，降低表面反射强度；再次要限制标识照明亮度与环境背景亮度的对比度，室内宜为3~5，不应超过10，室外不应超过20。

（二）间接照明

间接照明是新颖的标识照明方式，主要运用光影效果来强化视觉效果，提升空间深度，加强标识的表现力和识别性（图3-6-6）。具体设计中，可以根据无障碍标识所在的建筑类型、环境特点、空间主题合理调配光影效果，有效传递信息，营造独特的视觉感受。

使用间接照明时，要注意标识影像与背景的亮度对比值，要在合理范围内。

无障碍标识采取何种照明方式，取决于诸多因素：（1）标识所处的环境物理条件；（2）标识所在的环境明亮程度；（3）成本考虑、电力消耗；（4）后期维护等。同时需要设计师与建筑设计师、电气工程师、标识制造方、标识施工方互相协调配合，依据建筑的性质、风格、特色来确定。

二、标识的光源

在进行标识设置时，还要考虑标识在夜间环境中的使用，即夜景照明。在室内外环境中，标识在夜间的辨认大多借助于人工光源，少数采用自发光材料。根据前述内容，人工光源的使用可基于环境特点和标识本身的需求选择外投光或内发光。设计标识时选择光源，也需要了解主要光源的种类。

除了电子显示屏，一般人工光源按发光原理，可分为热辐射光源、气体放电光源、电致发光光源三类。

热辐射光源是导电物体有电流经过时高温下辐射光能的光源，主要有白炽灯和卤钨灯。白炽灯显色性好、光谱连续、可调光、无频闪，但缺点是光效低、发热大、寿命短，正逐步被其他光源取代。卤钨灯体积更小、光效更高。

气体放电光源是气体或金属蒸汽有电流经过时被激发产生光辐射的电源，有低压和高压两种。低压包括荧光灯、节能灯、低压钠灯，高压包括高压钠灯、高压汞灯等。其中荧光灯是应用最广泛、用量最大的气体放电光源，它具有结构简单、光效高、发光柔和、表面温度低、寿命较长等优点，但缺点是尺寸大、含汞有污染、有频闪现象；节能灯即紧凑型荧光灯。高压汞灯气压更高，但显色性差、光色差，主要发蓝绿色光。金属卤化物灯（简称金卤灯）是在高压汞灯和卤钨灯工作原理的基础上发展起来的新型高效光源，是将多种金属卤化物加入到高压汞灯的电弧管中形成的。

电致发光（EL）光源是在电场作用下，使固体物质发光的光源，它将电能直接转变为光能。包括高场电致发光光源和低场电致发光光源也即发光二极管（LED）两种。前者以 EL 发光屏为主，常用的是塑料屏交流薄膜电致发光，用于发光标识有比较好的发展前景。现今 LED（Light Emitting Diode 发光二极管）光源已经很普及，它的基本结构是一块电致发光的半导体材料，由含镓（Ga）、砷（As）、磷（P）、氮（N）等的化合物制成。LED 优点很多，包括电压很低、较安全，光效高、较节能，寿命长达 5 万小时（白炽灯 1000小时左右），耐候、耐冲击；缺点是起始成本高。标识采用的 LED 光源模组种类多样，包括贴片 LED 模组、贴片 LED 带透镜模组、LED 注塑模组、LED外露灯、LED 软灯条、LED 硬灯条等。

常见主要光源的性能比较见下表 3-6-1。

表 3-6-1　各种常见光源性能比较

光源种类	白炽灯	卤钨灯	荧光灯	高压汞灯	金属卤化物灯	LED 灯
额定功率（W）	10~100	500~2000	6~125	50~1000	400~1000	0.03~0.06
光效（lm/W）	10~15	20~25	70~90	50~60	75~95	80~140
平均寿命	1000	1500	2000~3000	2500~5000	10000	50000
显色指数	95~99	95~99	70~85	30~40	65~92	75~90
启动稳定时间	瞬时	瞬时	1~3 秒	4~8 分	4~8 分	瞬时
频闪	不明显	不明显	较小	明显	明显	无
受电压变化影响	大	大	较大	较大	较大	较大
受环境温度变化影响	小	小	大	较小	较小	较小
耐振性能	较差	差	较好	好	好	好
所需附件	无	无	镇流器启辉器	镇流器	镇流器触发器	无

来源：贾巍杨整理

三、标识的照明设计要点

（一）无障碍标识的照明设计的基本原则

1. 信息传达要清晰：让使用者清晰地理解指示信息，这是无障碍标识的照明设计最基本的要求。采用直接照明方式时，要注意投射位置准确，避免眩光；采用间接照明方式时，使用的 LED 和荧光灯等照明工具的参数应满足要求。

2. 照明设计要安全：无障碍标识的照明设计必须注意安全问题，包括灯具、光源、附件的选择、布线及功率计算等都要考虑。应依据国家 GB 50034《建筑照明设计标准》和其他规范所规定的供配电、线缆及敷设、防雷、接地等要求，使标识照明的运行安全可靠。照明灯具的安全性能应符合《灯具第一部分：一般要求与试验》（GB 7000.1）的规定，尤其是内投光方式的标识设计，应在标识背部预留较大的空间，以利通风散热。

3. 要注意节约能源：应在满足信息传达的基础上，选择光效高、光色好、寿命长、安全和性能稳定的光源、灯具及其附属装置。

4. 要根据环境设计：无障碍标识应根据照明场所的功能、性质、环境区域亮度、表面装饰材料及所在环境等，合理地确定标识照明的亮度、照度的标准值。

（二）标识的照明设计的参考指标

对于标识本体的具体照明设计指标，我国现行国家标准《公共建筑标识系统技术规范》（GBT 51223–2017）以及《建筑照明设计标准》（GB 50034–2013）有部分要求，再结合本书著者的研究成果，建议参考以下设计指标：

（1）建筑室内标识的照度一般情况下宜为 200~500 lx。

（2）室内标识照明和周边环境背景的亮度比宜为 2.5~5，且不应超过 10、不应低于 1.5；室外标识照明和周边环境背景的亮度比不应超过 20。

（3）室内外标识照明亮度均匀度 U_1（$l\,min/l_{max}$）宜高于 0.6。

第七节 触觉标识、听觉标识及其他标识

一、触觉标识

触觉标识是指以触摸识别方式传达信息的标识，常与听觉标识及其他触发性信息传播载体匹配使用。触觉标识系统的内容应包括可触摸图形和盲文两大部分，应能够完整、持续地提供空间信息，通常包括触觉地图（图 3-7-1）、盲文铭牌、盲文门牌、扶手部位盲文标牌、电梯盲文按钮、凸出方向箭头等。

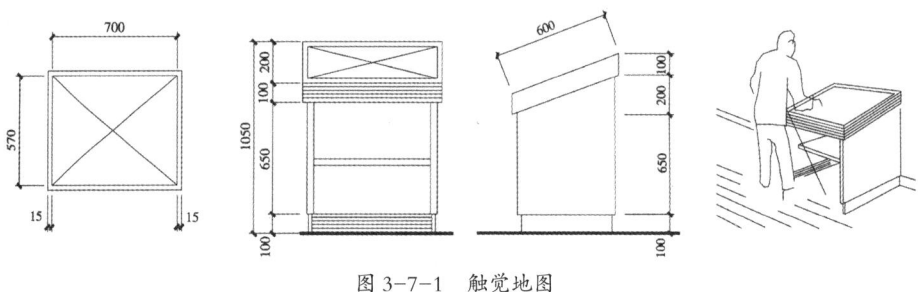

图 3-7-1 触觉地图

随着信息技术等新科技发展，触摸标识未来的发展方向是利用可触摸移动智能设备将空间导航信息、听觉信息整合在一起，更有效、更有针对性地为盲人服务。

关于盲文，由于是比较专业的领域，建议触觉标识使用的盲文应符合现行国家标准《中国盲文》（GB/T 15720）的规定。

关于触摸标识的安装高度，我国现行国家标准《公共建筑标识系统技术规范》（GBT 51223-2017）第 6.1.8 条与《建筑施工——建筑环境的无障碍和易用性》（ISO 21542：2011）（Building construction—Accessibility and usability of the built environment）第 40.10 条稍有不同：前者规定可触摸盲文标识设置离地不应小于 122 cm，可触摸图形离地面不应小于 152 cm 的高度；后者规定凸出触摸标识宜处于 1200~1600 mm 范围内。

著者仍然建议主要指标参考《建筑施工——建筑环境的无障碍和易用性》（ISO 21542：2011）（Building construction—Accessibility and usability of the built environment）第 40.10 条、40.11 条规定：

（1）触觉标识的可触摸图文应处于距地面高度 1200~1600 mm 范围内；触觉地图宜与水平面成 20~30° 夹角，底部边缘最低距地面应高于 900 mm。

（2）可触摸内容图文版面高度应在 15~55 mm 范围；可触摸内容的凹凸高出底面或低于底面不小于 0.8 mm，宜为 1~1.5 mm。

二、听觉标识

听觉标识是以可被识别的特定声音传达信息的标识。听觉标识的设置原则一是听觉标识系统宜与视觉标识系统或感应标识系统组合使用，更重要的是听觉标识的信息必须清晰、避免干扰。

为保持对听觉标识信号的可辨别性，应使用间歇或可变的声音信号，应考虑发信声音方向、大小和各个声源发出声音的时间等，应避免不同听觉标识之间的相互干扰以及对使用者的干扰。

听觉标识的参考指标为言语清晰度和语言强度。言语清晰度是工程心理学上的评定指标，即人对音节、词或者语句正确听到和理解的百分率。言语清晰度达到 75%-85%，则让人感觉满意。语言强度直接影响言语清晰度。这两个指标的参考设计要求应按照现行国家标准《公共建筑标识系统技术规范》（GBT 51223-2017）的相关规定：

（1）听觉标识在一定语言干涉声级或噪声干扰升级下言语清晰度不应小于 75%。

（2）听觉标识强度不应小于背景环境噪声 15 分贝。

三、感应标识

感应标识是以射频、磁性、红外线等感应方式传达信息的标识，常与听觉标识及其他触发性信息传播载体匹配使用。感应标识应与视觉、触觉、听觉标识相整合。感应标识系统应能够完整、持续地提供空间信息，并起到提醒、警示、识别的作用。

四、电子标识

现代电子信息技术为标识设计提供了更多的新手段，能够使信息的更新简单迅速，这些技术包括：

1. 交通信号灯：是指挥交通运行的信号灯，一般由红灯、绿灯、黄灯组成，能简洁直观地反映交通通行信息的变化。

2. 霓虹标识：霓虹灯是充有惰性气体的通电玻璃管或灯泡，广泛应用于商业场所，它能用动态画面形式显示信息。

3. 翻滚信息标识：采用薄薄的金属叶片或三棱体组合，并通过控制系统不断翻动这些叶片或三棱体来实现信息内容的改变更新。

4. 投影技术：是利用光学元件将图文轮廓放大，并将其投影到影屏上的技术。包括 CRT、LCD、DLP、激光投影等技术。

5. 光纤显示：光纤是光导纤维的简称，导光时强度损失较小，只要有一束光源，就能在各个纤维末梢制造出数量极多的光点，其控制系统能够对每一根纤维进行独立控制。

6. 液晶显示（LCD）：是在两块平行板之间填充液晶材料，通过电压来改变液晶材料内部分子的排列状况，以达到遮光、透光目的来显示深浅不一的像素。根据其背光光源主要可分为 CCFL（冷阴极荧光灯管）和 LED（发光二极管）两种。现在液晶屏基本已经战胜了传统的 CRT（阴极射线管）显示屏和 PDP（等离子）显示屏，占据了市场主流。

7. OLED：即有机发光显示屏，又称有机发光二极管，是目前最新的真正的 LED 显示技术。它不同于传统的液晶屏，不需要背光光源，而是采用非常薄的有机材料涂层和玻璃基板，当有电流通过时就会发光，优点是可视角很大、厚度很薄、反应速度快、更节能。

8. 电子墨水（E-ink）屏：又称电泳式电子纸，目前有黑白屏和彩色屏两种，最大优点是易读性，特别接近传统纸墨效果，电子墨水可用于弯曲塑料、聚酯膜、纸、布等柔性材料，并且极其省电、相对廉价。

9. 立体显示屏：是一种建立在人眼立体视觉机制上的新一代显示设备，

利用人两眼视差特性，借助佩戴立体眼镜或在人眼裸视条件下呈现出具有空间深度信息的逼真立体影像。

10. 全息显示：利用全息原理实现的真实的立体空间显示，与立体显示相比，其优越之处不仅仅在于立体三维图像更接近于物体自身，而且还可以从人眼看到物体的全部空间视觉特征，在不同位置观察物体有显著的位移。

五、交互式标识

交互式标识是指通过固定或可移动、可携带设备等，与使用者在特定场景下进行人机交互的标识。所谓的"人机交互"，就是信息不仅是由标识向使用者的单向传递，而且使用者可以进行信息反馈，从而实现双方的信息交流互动，是符合移动设备的当代生活习惯的信息传播模式。除了人与机器设备的互动，目前还可以加入随身携带智能移动设备，它与人、交互式标识设备一起发生互动，这也是未来极具发展潜力的一种导向模式。交互式标识广泛应用于商业（图 3-7-2）、科教文卫、旅游、交通运输等公共建筑空间。

交互式标识多是电子设备，目前最常用的交互式标识技术是触控屏。触控屏又称触摸屏、触控面板，是一种可对触觉反馈的液晶显示装置，当接触

图 3-7-2
天津世纪都会交互式标识

了屏幕时，触觉反馈系统可根据预先编程的程序驱动各种连接装置，由液晶屏显示出生动的影音效果，可用以取代机械式的按钮面板，是一种简单、方便、自然的人机交互方式，尤为适用于公共信息查询。目前主要使用的类型有电阻式、电容感应式、红外线式以及表面声波式。触摸屏还可整合盲文按钮和发声设备，为障碍人士提供方便。目前许多公共建筑如博物馆还支持自携带设备交互标识，可由使用者自携带的手机、平板电脑等设备作为交互式标识。此外还有以声音媒体为主的交互式标识，如博物馆常用的解说耳机、供盲人使用的导航耳机等。

我国现行国家标准《公共建筑标识系统技术规范》GBT 51223-2017 对交互式标识也有相关设置要求：2×10^4 平方米以上的公共建筑宜设置交互式标识；由于交互式标识更容易成为视觉焦点，人们在使用交互式标识时往往需要站立停留，故其设置不应干扰一般标识的功能，并应避免对主要空间流线和其他标识的干扰；为了无人使用时的主要信息显示，交互式标识的显示界面宜在无有效操作 60 秒后返回初始页面。

第四章

城市标识环境的规划设计

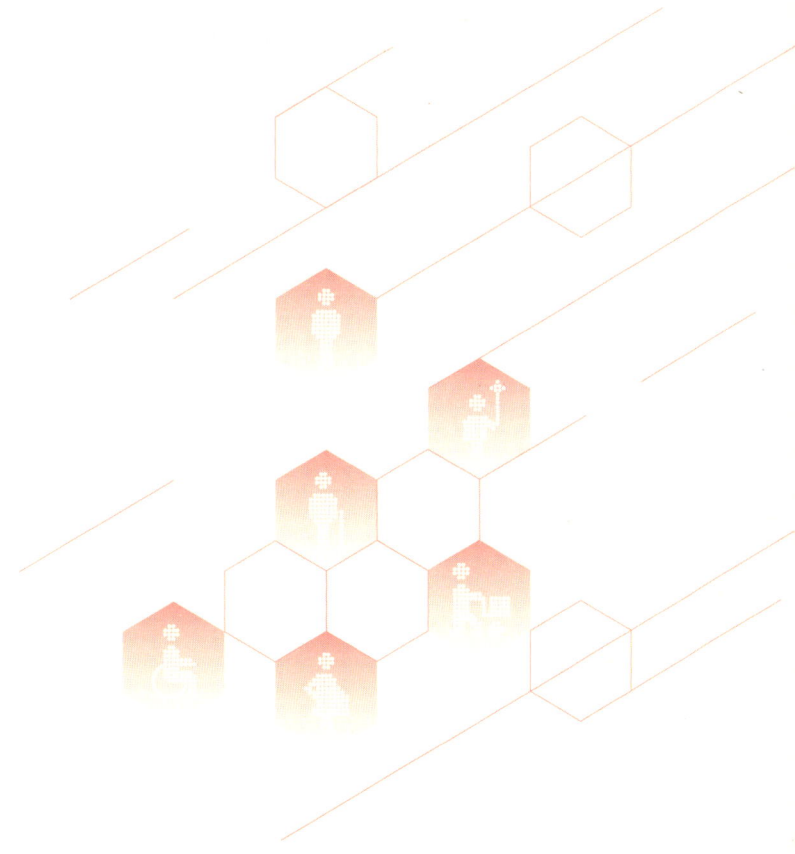

第一节 标识系统规划设计的依据、标准和原则

一、基于特殊使用者的标识设计

无障碍标识环境包含三个部分的融合重组，一是无障碍标志，二是建筑环境标识的通用性设计，三是合理地整合信息无障碍的部分技术（图4-1-1）。《公共建筑标识系统技术规范》的"无障碍标识"条目也建议应将无障碍标识与公共建筑环境导向标识系统的规划设计进行整体考虑。但统一考虑并非只是简单地插入无障碍标志图形符号，更重要的是无障碍标识系统以包容性设计为理论依据，需要揭示环境空间（环境设施）隐藏的逻辑，需要考虑不同使用者的信息获取方式，尽可能多地满足不同人群的差异性需求。同时，无障碍标识环境更是一种设计理念的倡导，其最终建设目标是走向通用设计，不仅要满足无障碍标识的基本功能，同时还要与环境有机融合，既要体现功能性，又要保证艺术性。

无障碍标识环境系统应综合考虑视力障碍、听力障碍、肢体障碍、智力障碍、老年人、儿童及外国人。根据不同使用人群的信息获取及障碍特征，采取不同的原则，设置不同的内容，参考不同的规范法规，并在具体的设计中将各个人群的需求特征予以整合，形成通用性的设计。在具体的标识设计中，应从系统性、包容性、安全性、规范性、模块化和差异化等方面进行规划与设计。

（一）系统性原则

无障碍标识系统由环境与标识两个子系统构成，而标识是建筑室内外环境系统的有机组成部分，并不是附属物或任意叠加的图形与符号。因此，环境标识应注重标识在建筑环境中的连贯性与层级性。同时，无障碍标识系统可以与所属环境的视觉识别系统（Visual Identity System）进行整合，

形成整体的视觉规范，与信息智能化系统的结合也应体现出视觉形象的整体性。

1. 空间导向的系统性：一个系统的完整性主要体现在要素是否按照合理的结构进行组合，标识作为一个环境要素，其组合关系应充分反映所属环境的空间结构特征，并从人的行动与认知的角度，充分考虑标志标识点位所对应的决策点。作为"空间环境及设施的说明书"，标识设计是否连贯，是否按照空间层级进行安排，是标识可以有效使用的基本保障。为增强标识的通用性，应保证无障碍通道上标识系统的连续性，保证特殊人群获取信息的连续性，并形成完整环境信息闭环。

2. 信息传达的系统性：标识系统的信息传达因不同类型、不同造型、不同信息排版方式及图形符号语言而异。合理的信息传达应保证使用者在行动路径中遇到标识时，能够根据关心的信息层级与类型，快速提取关心的信息。因此，在关键的信息决策点，应充分考虑无障碍标志的使用，以保证按照不同层级的标识都可以让使用者获取无障碍设施的引导信息。

3. 视觉规范的系统性：视觉识别系统对标志、标准色、组合方式、应用方式等有较为系统的规范，标识系统与 VIS 系统进行结合的同时，在保障信息传达的准确性、易读性、系统性的前提下，可以在适当位置巧妙地结合 VIS 系统的要素或规范色彩。为了整体环境视觉要素统一、协调，可以将对应的 VIS 视觉识别系统的其他应用形成整体的视觉效果。

（二）包容性原则

包容性设计（Inclusive Design）的核心理念是尽可能多地满足不同年龄、不同能力状况的人都可以使用无障碍环境（设施）的一种设计方法。作为一种"为大众而设计"的态度与途径，这一理念应贯穿整个建筑环境设计构思到无障碍环境落成的全生命周期，而无障碍标识设计应参与到全部设计流程才能保证更好地融合。

从包容性的设计理念出发，需要充分考虑不同人群获取信息的途径和特点，包括残疾人、老年人、儿童、外国人、外地人等。而影响信息传播的媒介主要为标识尺度、信息媒介、信息设计和照明设计等（图 4-1-2）。

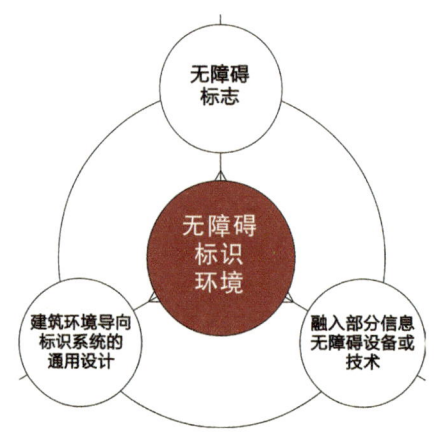

图 4-1-1　无障碍标识环境的基本内容

图 4-1-2　无障碍标识的包容性设计

1. 标识尺度的包容性：从视线分析的角度，轮椅使用者的视线高度低于正常人的视线高度，应充分考虑标识的安装高度能够包容两者的有效视线范围和肢体触碰范围。

2. 信息媒介的包容性：除了为不同障碍者赋能，以各类信息媒体设备传递环境导向信息之外，应提供不同的信息媒介类型供使用者选择，既保证传统标识、语音、盲文等媒介，又适当引入信息化、智能化设备。

3. 信息设计的包容性：无障碍标识中的图形设计、色彩设计除了易于识别之外，应考虑在无障碍设施的密度较高时，尽量归纳信息，减少标识牌数量，减少使用者的认知负担，注重友好的交互体验。标识的字体、图形的大小、明度对比和色彩应充分考虑视觉障碍者的需求，适当放大尺寸，强化明度对比。

4. 照明设计的包容性：在照明方式、灯具选择及布点上，无障碍标识照明设计应避免灯具对轮椅低位视点造成的眩光，并通过照明强化标识的识别性。

（三）安全性原则

无障碍通用标识作为重要的环境要素与使用者通常会近距离地接触，所以在造型与材料选择、结构设计和点位布置方面，应充分考虑其安全性。

1. 造型与材料的安全性：在造型的细节和材料选择上，对于容易造成磕碰的直角棱角宜处理为圆角或圆滑曲面，并避免出现锐利的造型，特别是对于带有盲文的标识，应充分保证触摸过程的安全性。同时也应避免使用强烈反射的材料，以免造成的眩光影响信息阅读和识别。

2.结构的安全性：标识的结构包括支撑结构和饰面结构，在结构深化设计中，应避免标识安装构件或结构搭接的构件之间形成缝隙、锐角、突出物等，以保障不同人群使用的安全性。如需要在饰面材料使用石材、锈钢板等特殊材料时，应考虑材料与主体结构衔接的牢固性与耐久性。

3.点位布置的安全性：标识的位置安排应充分结合环境载体，避免出现长度过长的悬挑牌体，影响通道使用或轮椅通过的牌体。特别是夜间没有自发光功能的标识，应通过外部照明，或者间接照明的方式照亮标识，避免夜间对使用者造成安全隐患。

（四）规范性原则

目前我国针对特殊人群，如视力障碍、听力障碍、肢体障碍、智力障碍和儿童在标志符号规范、设置原则、设置内容上具有一定的规范要求（表4-1-1）。

表4-1-1　各类人群适用无障碍标识的设计依据

	标志符号规范	设置原则	设置内容（设施类）
视力障碍	《无障碍设计规范》（GB 50763–2012） 《信息无障碍》第2部分：通信终端设备无障碍设计原则（GB/T 32632.2–2016） 《无障碍设施施工验收及维护规范》（GB 50462–2011） 《无障碍建设指南》住房和城乡建设部标准定额司，2009 《公共建筑标识系统技术规范》（GB/T 51223–2007） 《标志用公共信息图形符号》第9部分：无障碍设施符号（GB/T 10001.9–2008） 《公共信息导向系统：基于无障碍需求的设计与设置原则》（GB/T 1015–2014） 《城市公用交通设施无障碍设计指南》（GB/T 33660–2017）	应设置视力障碍标志、无障碍设施标志牌、盲文标志、视觉障碍者专用信息无障碍设备和设施	盲道、音响信号、盲文标识、语音提示导盲系统、盲人图书室、标识、标牌、楼层示意图、语音提示系统、电子显示屏、语言转换系统
听力障碍	《无障碍设计规范》（GB 50763–2012） 《信息无障碍》第2部分：通信终端设备无障碍设计原则（GB/T 32632.2–2016） 《无障碍设施施工验收及维护规范》（GB 50462–2011） 《公共建筑标识系统技术规范》（GB/T 51223–2007） 《标志用公共信息图形符号》第9部分：无障碍设施符号（GB/T 10001.9–2008） 《公共信息导向系统：基于无障碍需求的设计与设置原则》（GB/T 1015–2014） 《城市公用交通设施无障碍设计指南》（GB/T 33660–2017）	应设置听力障碍标志、无障碍设施标志牌、听觉障碍者专用信息无障碍设备和设施、带指示方向的无障碍标志牌	电子显示屏、同步传声助听设备、提示报警灯、标识、标牌、楼层示意图、语音提示系统、电子显示屏、语言转换系统

	标志符号规范	设置原则	设置内容（设施类）
肢体障碍	《无障碍设计规范》（GB 50763–2012） 《信息无障碍》第2部分：通信终端设备无障碍设计原则（GB/T 32632.2–2016） 《无障碍设施施工验收及维护规范》（GB 50462–2011） 《无障碍建设指南》住房和城乡建设部标准定额司，2009 《公共建筑标识系统技术规范》（GB/T 51223–2007） 《标志用公共信息图形符号》第9部分：无障碍设施符号（GB/T 10001.9–2008） 《公共信息导向系统：基于无障碍需求的设计与设置原则》（GB/T 1015–2014） 《城市公用交通设施无障碍设计指南》（GB/T 33660–2017）	应设置低位标志、无障碍设施标志牌、信息无障碍设备和设施、带指示方向的无障碍标志牌	标识、标牌、楼层示意图、语音提示系统、电子显示屏、语言转换系统
儿童	《无障碍设计规范》（GB 50763–2012） 《信息无障碍》第2部分：通信终端设备无障碍设计原则（GB/T 32632.2–2016） 《公共信息导向系统：基于无障碍需求的设计与设置原则》（GB/T 1015–2014） 《城市公用交通设施无障碍设计指南》（GB/T 33660–2017）	应设置颜色鲜艳，简单形象易懂标志、低位标识、无障碍设施标志牌、信息无障碍设备和设施、带指示方向的无障碍标志牌	标识、标牌、楼层示意图、语音提示系统、电子显示屏、语言转换系统
智力障碍	《无障碍设计规范》（GB 50763–2012） 《信息无障碍》第2部分：通信终端设备无障碍设计原则（GB/T 32632.2–2016） 《公共信息导向系统：基于无障碍需求的设计与设置原则》（GB/T 1015–2014）	应设置简单形象易懂标志、无障碍设施标志牌、信息无障碍设备和设施、带指示方向的无障碍标志牌	标识、标牌、楼层示意图、语音提示系统、电子显示屏、语言转换系统

来源：赵伟整理

（五）模块化原则

标识系统的造型通常有吊牌式、立地式、贴墙式等不同类型，各种类型的点位规划与个体设计需要结合具体的环境载体。理想的环境标识应该能够便捷、高效地将位置、方向、线路等环境信息传递给各类人群，融入环境的标识载体不但易于识别，并且保证了整体环境的美感。基于现有规范与指南

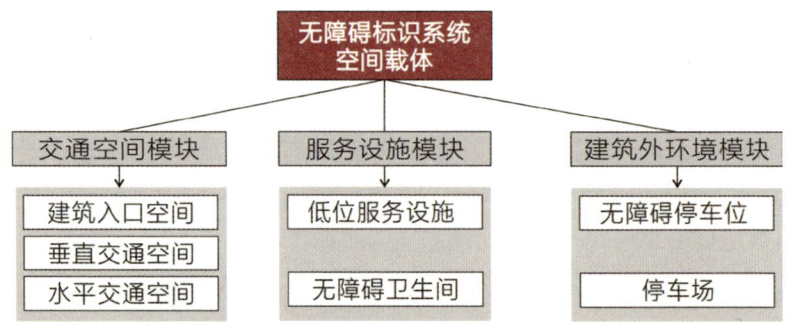

图 4-1-3　无障碍标识系统的空间载体

中的相关设计原则，可以将公共空间的无障碍标识环境的空间类型划分为交通空间模块、服务设施模块、建筑外环境模块三部分（见图4-1-3）。

1. 交通空间模块，交通空间是不同空间向度交织起来的立体网络，对于任何建筑和任何人，"可达性"都是无障碍设计需要解决的首要问题，交通空间作为公共建筑中引导人群疏散的重要空间单元，是无障碍标识设计的主要载体，具体包括建筑出入口空间、垂直交通空间、水平交通空间三部分。

（1）建筑出入口空间：公共建筑的出入口是内部空间与外部道路衔接的交汇点和疏散地，对于各类障碍者而言，不同空间的交通接驳是十分重要的设计节点。公共空间出入口的无障碍标识设计应该包括无障碍坡道标识、建筑出入口楼名（楼号）标识、建筑楼层功能导引总图、楼层标识等。

（2）垂直交通空间：垂直交通作为联系建筑不同高程的竖向交通枢纽，主要解决不同建筑层高之间的可达性。垂直交通的无障碍设计包含楼梯、扶梯和无障碍电梯。

（3）水平交通空间：水平交通空间主要指各楼层的公共走道，主要解决开放公共空间与独立房间的联系，其无障碍标识设计主要包括室内门牌、公共走道中的导向标识、楼层信息标识等。

2. 服务设施模块，服务设施模块是交通空间立体网络中的重要节点，应在设施明显位置设置无障碍专用标识，以提示和引导特殊人群的使用。作为特殊人群的"目的地"，这些空间使用频率极高，具体包括各类低位服务设施和无障碍卫生间等。

（1）低位服务设施：低位服务设施的设置应充分考虑到行动障碍者、儿童的人体尺度特征，与轮椅容膝空间的结合等，具体涵盖了售票处、取款机（取票机）、饮水器、结算通道、自动售货机等。

（2）无障碍卫生间：无障碍卫生间作为影响残疾人是否意愿出行的主要设施配备了较多的无障碍设施，具体包含方便乘坐轮椅人士开启的门、专用的洁具、与洁具配套的安全扶手等。

3. 建筑外环境模块，建筑外环境无障碍标识系统主要包括无障碍车位标识、停车场标识等。

（1）无障碍车位：无障碍车位标识设计应该包括停车线、轮椅通道线、无障碍车位地面标志、无障碍车位立地标识等。

（2）停车场：停车场无障碍标识应布置在通行方便、距离出入口路线最短的无障碍机动车停车位，并设有专门的无障碍引导标识。

（六）差异化原则

无障碍通用标识除了应满足各类使用者的功能要求之外，更应该升级为环境艺术的一部分，而不是千篇一律、毫无地方特色与环境特色的标牌。

1. 地域环境的差异性：不同地域都有自己独特的自然环境与人文环境，不同的地理位置的建筑环境尤其具有独特的环境色彩。标识设计应充分考虑如何在不影响标识识别功能的前提下，适度体现出标识环境的地域风土特征，并与地域特有的建筑环境色彩相协调。

2. 历史风貌的差异性：不同历史风貌区具有鲜明的建筑文化特征，空间规划方式，建筑语言、建筑色彩、建筑材料都非常的鲜明。为了更好地体现出历史风貌的特点，标识设计应紧密结合建筑环境的空间特点与建筑语言，一方面应积极回应特有的建筑风貌，形成特色的标识语言；另一方面应在建筑环境中易于识别，体现标识信息传达的基本功能。

二、基于环境载体的设计

（一）室内界面

1. 建筑室内的无障碍标识系统应进行专项设计，应符合现行国家标准《无障碍设计规范》（GB 50763–2012）的规定。

2. 建筑室内的无障碍标识系统的设计使用年限应根据标识系统的安全、功能、用途、位置，以及建筑物规模、等级和重要程度等，并综合考虑经济成本，合理确定。

3. 建筑室内的无障碍标识系统的设置应综合考虑使用者的需求，对建筑物的物业管理、空间功能、环境空间、建筑流线等方面进行整体规划布局。当需求功能及设置条件发生变化时，应及时增减、调换、更新标识。

4. 建筑室内的无障碍标识系统的设计应根据服务对象的人体工程学参数，合理确定标识的点位、空间位置、型式和版面，并应在字号、字距、边距、色彩对比度和版式设计方面作相应强化设计。

5. 建筑室内的无障碍标识系统应定期开展维护和保养，发现损毁、灭失、缺少的标识应及时修复和补充。

6.室内无障碍标识系统的规划布局，应以建筑内部空间功能布局及流线为依据，并宜分层级布置。其信息分级和分布密度，应根据建筑类型、建筑规模、建筑空间形态和功能等因素综合确定。视觉障碍者使用较多的建筑室内宜设置触觉或听觉导向标识系统。

7.无障碍标识系统的构成形式

（1）无障碍标识系统的构成形式应满足建筑交通流线组织的需要，并遵循整体化、网络化、立体化的设计原则。

（2）建筑室内的无障碍标识系统设计应使人行流线便捷明确，并应与室内色彩设计、照明设计相结合，注重人行流线对使用者的心理与感知影响。

（3）不同的建筑类型应根据使用者的需求，合理安排无障碍标识系统的构成形式。

8.无障碍标识系统的点位设置

（1）无障碍标识点位的设置应结合流线，合理安排位置和分布密度。在难以确定位置和方向的流线节点上，应增加标识点位以便明示和指引。

（2）无障碍标识点位的设置应符合下列规定：

在人行流线的起点、终点、转折点、分叉点、交汇点等容易引起行人对人行路线疑惑的位置，应设置无障碍导向标识点位；

在连续通道范围内，无障碍导向标识点位的间距应考虑其所处环境、标识大小与字体、人流密集程度等因素综合确定，并不应超过50 m；

应设置楼梯、无障碍电梯或自动扶梯所在位置的标识；

在不同区域，或进出上下不同楼层及地下空间的过渡区域应设置导向标识点位。

（二）室外界面（包含广场、公园、街道）

1.室外环境的无障碍标识系统的设置应综合考虑使用者需求，对广场、公园、街道等空间功能、环境空间、流线、人流量、人流状态等方面进行整体规划布局。

2.广场、公园、街道同类标识之间应具有连续性，构建全过程的信息指引。

3.宜在引导使用者进入、离开及转换不同类型的室外区域空间的位置，比如街道的平面交叉口，广场、公园的出入口设置无障碍标识。

4. 另外应在室外环境（广场、公园、街道）人行流线的转折点、分岔点、交汇点等容易引起行人对人行路线疑惑的位置设置无障碍标识站点位。

5. 无障碍标识的设置密度，应与人流量相协调。

6. 室外环境（广场、公园、街道）相较于室内空间，标识的背景环境更为复杂繁乱，应注意高度的醒目性、认知性。

（三）建筑外立面

1. 建筑外立面的无障碍标识系统应进行专项设计，应符合现行国家标准《无障碍设计规范》（GB 50763-2012）的规定。

2. 建筑外立面的无障碍标识系统的设计使用年限应根据标识系统的安全、功能、用途、位置，以及建筑物规模、等级和重要程度等，并综合考虑经济成本，合理确定。

3. 建筑外立面的无障碍标识系统的设置应综合考虑使用者的需求，当需求功能及设置条件发生变化时，应及时增减、调换、更新标识。

4. 建筑外立面的无障碍标识系统的设计应根据服务对象的人体工程学参数，合理确定标识的点位、空间位置、型式和版面，并应在字号、字距、边距、色彩对比度和版式设计方面作相应强化设计。

5. 建筑外立面的无障碍标识系统应考虑白天和夜晚环境中的使用。

6. 建筑外立面的无障碍标识系统应根据环境状况选择适合环境氛围和气候的材质，并通过创意性的构思加以表现。

7. 建筑外立面的无障碍标识系统应定期开展维护和保养，发现损毁、灭失、缺少的标识应及时修复和补充。

8. 建筑外立面的无障碍标识系统应与建筑风格统一，遵循建筑及装饰原有的风格。

三、基于信息传达的设计

（一）信息传达的设计策略

环境标识系统是信息的发出者与接受者之间的交流，无障碍标识系统的规划设计应综合考虑功能、媒介与环境的整体关系。

1. 功能方面，环境标识系统要满足任何人（无论健全人还是有残障的人，无论儿童还是老年人）在任何情况下都能平等、方便、无障碍地获取信息、利用信息。设置信息无障碍设备的点位应充分考虑有障碍人士的行走路线，避免对其他人群的活动造成阻碍。对于障碍者不宜进入的园路或危险区域，应在区域入口作出明显的警示标识。

2. 媒介方面，环境标识系统应综合使用不同媒介的合理化组合。视觉媒介方面，固定信息标识、动态信息标识、智能化标识的设定应满足不同人群自由选择的权利，并快速、便捷地获取信息。

3. 环境方面，无障碍标识设置应紧密结合现有环境载体的空间属性、场所特征，标识的数量、视觉要素，不宜破坏整体环境效果。

（二）信息传达的具体设计处理

标识系统的信息传达理想状况是获得清晰有组织的良好的设计效果，这并不容易，需要把握好有逻辑的处理原则和方法。

1. 无障碍标识系统的信息内容应符合相关规范。

2. 无障碍标识系统的信息应进行主次等级关系处理。包括系统中标识与标识之间的主次关系分级处理，以及单个标识中信息主次的区分。

（1）标识系统的设置应充分研究使用者的信息需求，对信息进行归类、分级，做到完整有序，防止出现信息不足、不当或过载的现象。

（2）运用光线来实现导向标识主次信息关系的区分。

（3）导向标识版面的信息量较大时，宜对信息重要度进行排序，反映重要信息的文字或图形符号宜通过色彩、尺寸对比等版面设计手段加以突出。

3. 无障碍标识系统的信息内容应准确表达。设计时需保证信息传达的准确到位，数据要正确、比例要准确、方位要明确、措辞要确切。

4. 无障碍标识系统的信息内容传达要注重连续性和一致性。

（1）整个无障碍标识系统中，同类标识的形态必须保持一致。同类标识之间的连续性主要表现为形态、版式、视角、尺度、位置、色彩的连续性、一致性，并保持"有始有终"，即使用者从接受第一个标识的信息服务开始，以不断重复的标识来创造连续信息的预期效果。

（2）不同类型标识之间的连续性，关键在于同一个信息内容在不同类型的标识中表述的一致性，以保证信息传达的连贯性。

（3）无障碍标识系统的信息设计还要考虑留有改善、发展、更新的余地，这样才有可能延长整个系统的使用寿命，保证今后发展过程中设计的可持续性。

5. 无障碍标识系统信息传达宜结合多种感觉方式共同作用，进行多通道设计。需要等候停留的空间应留出轮椅等候面积和安全通行空间。

6. 无障碍标识系统信息传达应使用系统设计手法，应将各个标识进行有机衔接，形成一个能发挥各自功能的综合系统。

（1）基础导向信息提供的信息必须能满足定位需求并帮助制定出入计划，并沿线提供引导信息，清晰标示目的地，给出的指令应尽可能简单安全地引导人前进。

（2）目的地的层次系统设计：目的地信息应具备独有特征，适用于整体系统并易于理解。每个单独的目的地应可以进行整理归类，有效地对线路进行整合。此外应通过层次步骤引导人们从大而宽泛的目的地逐步行进至小而精确的目的地。

（3）方向信息设计应保证连续性和一致性。

（4）可采用辅助信息设计来辅助使用者确认信息。

第二节　标识系统的通用设计方法与流程

一、无障碍标识系统的规划设计流程

标识系统的整体设计包括前期策划、方案设计阶段、工艺深化设计阶段、制作阶段、安装阶段、竣工阶段。无障碍标识系统的规划设计应将通用设计的理念体现在策划、设计、实施、建成评价等标识设计与维护的全生命周期中，以全生命周期的理念考虑标识的设计与运营维护。

（一）策划与规划阶段

标识的策划与规划阶段主要应解决设计目标、设计定位、相关议题的研究分析、设计策略的提出等基本问题。前期准备阶段应充分调查不同使用者的行为特征和信息传递需求，以及获取信息的"痛点"。并与规划、建筑、景观、室内设计、智能化设备等专业进行多方咨询论证，确定可行性方案，通过场地勘察与科学分析编制项目建议书。

（二）方案设计阶段

1. 规划阶段是标识系统的单体设计策略与整体点位布局的宏观把控与系统思维阶段。这一阶段应根据策划书重点落实标识系统通用设计方面的具体控制方向与要求，应明确目标定位及理念，明确信息传达策略，设定标识类型，明确标识点位。

2. 方案设计阶段应对标识单体的形式、色彩、尺度、文字、排版、地图、图形符号、材料、结构、施工与维护等各个要素进行系统性的优化，并在设计中充分考虑哪些设计要素如何融入通用设计理念。

3. 改建项目在设置无障碍标识系统时，应整体考虑需要设计哪些标识内容，并如何与环境载体有机结合，不宜随意设置，破坏环境或造成新的障碍。改建项目是在现有环境和现有标识系统的前提下进行设计，需要从"做减法"的角度进行设计，需要思考如何结合现有环境设计的要素、现有标识系统的设计要素，进行新的无障碍标志等信息的补充和有机更新。

4. 无论新建项目还是改建项目，都应在设计规划阶段梳理无障碍标识系统的设计内容清单，明确标识类型与环境空间载体（表4-2-1、表4-2-2、表4-2-3、表4-2-4）。

5. 随着信息技术和虚拟现实技术的发展，方案设计阶段可以通过虚拟现实技术模拟标识设计中字号大小、明度、色彩、照明方式等的具体参数变量，并通过残障人士或老年人进行虚拟仿真测试，以验证更为合适的设计数据与设计方案。

表4-2-1 房屋建筑

空间类型	类型细分	位置	位置细分	无障碍标志	无障碍设施标志牌	带指示方向的无障碍标志牌	盲文地图	盲文铭牌	信息无障碍设施
交通空间	建筑入口	无障碍坡道		●	●	●	●	◆	◆
		建筑入口大门	室外门	●	●	●	●	◆	◆
			视觉障碍者	●	●	●	●	◆	●

续表

空间类型	类型细分	位置	位置细分	无障碍标志	无障碍设施标志牌	带指示方向的无障碍标志牌	盲文地图	盲文铭牌	信息无障碍设施
交通空间	建筑入口	升降平台（升降机等）		●	●	●	●	◆	◆
		平台		●	●	●	●	◆	◆
	垂直交通	楼梯	扶手起终点	●	●	◆	◆	●	◆
			楼层标识	●	●	◆	◆	●	●
		扶梯		●	●	◆	◆	●	●
		电梯	候梯厅	●	●	●	◆	●	●
			电梯轿厢	●	●	◆	◆	●	●
	水平交通	室内门		●	●	◆	◆	●	●
		公共走道		●	●	◆	◆	●	●
服务设施	轮椅席	无障碍通用标志		●	●	◆	◆	◆	◆
	无障碍客房	开关带		●	●	◆	◆	◆	◆
	低位设施	服务台		●	●	◆	◆	◆	◆
		售票处		●	●	◆	◆	◆	◆
		取款机（取票机）		●	●	◆	◆	◆	◆
		电话亭		●	●	◆	◆	◆	◆
		饮水器		●	●	◆	◆	◆	◆
		结算通道		●	●	◆	◆	●	◆
		自动售货货柜		●	●	◆	◆	◆	◆
	公共浴室			●	●	◆	◆	◆	●
	通用性泳池			●	●	◆	◆	◆	◆
	无障碍住房	厨房		●	●	◆	◆	◆	●
		卫生间		●	●	◆	◆	◆	●
		安全抓杆		●	●	◆	◆	●	◆
		壁柜		●	●	◆	◆	◆	◆
		服务台		●	●	◆	◆	◆	◆
		对讲机		●	●	◆	◆	◆	●
		呼叫按钮		●	●	◆	◆	◆	●

续表

空间类型	类型细分	位置	位置细分	无障碍标志	无障碍设施标志牌	带指示方向的无障碍标志牌	盲文地图	盲文铭牌	信息无障碍设施
服务设施	厕所	无障碍专用厕所		●	●	●	◆	◆	◆
		公共厕所		●	●	●	◆	◆	◆
	导向标识	触摸台（触摸牌）		●	●	◆	◆	●	●
		导向标识		●	●	●	●	●	●
	救助呼叫按钮			●	●	◆	◆	◆	●
建筑外环境	无障碍车位（孕妇车位）	停车线		●	●	◆	◆	◆	◆
		轮椅通道线		●	●	◆	◆	◆	◆
		无障碍车位标志（地面）		●	●	◆	◆	◆	◆
		标识（立牌）		●	●	◆	◆	◆	◆
	暗沟、排水篦子			●	●	◆	◆	◆	◆
	停车场	步行通道		●	●	◆	◆	●	◆

表 4-2-2 城市道路

空间类型	类型细分	位置	位置细分	无障碍标志	无障碍设施标志牌	带指示方向的无障碍标志牌	盲文地图	盲文铭牌	信息无障碍设施
人行地道、人行天桥	盲人信号灯			●	●	◆	◆	●	●
	警示用盲人路缘（发光标识）			●	●	◆	◆	●	●
残疾人停车位及轮椅通道				●	●	●	◆	●	●
室外雨水篦子				●	●	◆	◆	◆	◆

空间类型	类型细分	位置	位置细分	无障碍标志	无障碍设施标志牌	带指示方向的无障碍标志牌	盲文地图	盲文铭牌	信息无障碍设施
人行横道				●	●	●	◆	●	●
交通环境设施	公交车候车亭	站牌	盲文站牌	●	●	◆	◆	●	◆
		候车亭		●	●	◆	◆	●	◆
	街道路铭牌			●	●	◆	◆	●	●
	地图、位置图			●	●	◆	●	●	◆

表 4-2-3 居住区

空间类型	类型细分	位置	位置细分	无障碍标志	无障碍设施标志牌	带指示方向的无障碍标志牌	盲文地图	盲文铭牌	信息无障碍设施
居住区道路				●	●	●	◆	●	●
公共厕所				●	●	◆		●	●

表 4-2-4 其他无障碍设施

空间类型	类型细分	位置	位置细分	无障碍标志	无障碍设施标志牌	带指示方向的无障碍标志牌	盲文地图	盲文铭牌	信息无障碍设施
公共交通工具	轮椅席			●	●	◆	◆	◆	◆
	抓杆			●	●	●	◆	◆	◆

注：●应设置　◆宜设置
来源：赵伟整理

（三）工艺结构深化阶段

布点方案与单体设计方案明确后，需要根据现场环境结合投资造价、加工时限等限制因素进行结构、材料、工艺、照明方式等细节的深化设计。细节深化设计不仅仅是在图纸上进行，还需要制作等比例的实物样品，通过实物样品的尺度、材料工艺、色彩、材料、图形文字等验证方案设计的合理性，并通过打样推敲验证设计的不足之处。

（四）实施阶段

在项目实施之前，除了标识单体可以通过打样的方式进行验证和深化设计细节外，点位布局也可以通过 KT 板、纸板、PP 纸等临时材料进行 1:1 的点位、尺度、安装高度验证与测试。通过实物的方式模拟试错，可以从虚拟验证与检验转为实体的验证与检验，空间体验和视觉体验更具有真实性，也可以较大范围内避免设计失误造成的损失。

（五）建成评价与实施阶段

标识设计作为一个人造环境系统具有一定的试错性，在解决问题的时候可能会带来新的问题或者问题没有很好地解决，因此需要进一步的建成后的使用验证与反馈。通过建成后的运行反馈，可以具体调整弥补设计过程的不足，或者将设计不足作为设计研究的经验，作为日后标识设计的研究基础。

二、信息分级规划

无障碍标识信息分级规划应根据信息设计的层级法，即根据信息的度量标准或者重要程度来进行信息组织，可以按照新的分量和价值来安排顺序。导向标识系统的信息分级和分布密度应根据城市建筑环境的类型、规模、功能布置、空间形态、交通流线、主要使用人群的信息需求和信息获取能力等因素综合确定。

信息分级规划通常与标识的等级分类直接相关，不同级别的导向标识解决不同信息层级的空间圈层的层级。实际项目操作中，具体的等级排布由具体的设计范围和设计内容而定，如一级导向标识主要解决从场地外部引导向场地内部，二级标识主要解决从场地内部引导向建筑的主要出入口，三级导向标识主要解决从建筑出入口引导向不同建筑楼层或区域，四级导向标识主要解决从该楼层引导向具体的房间或者设施……

无障碍设施与无障碍标志如何结合到信息层级的分类和细化是无障碍标识设计的重点与难点，应充分考虑服务于视觉障碍者、听觉障碍者、肢体行动障碍者无障碍动线的设计，并满足无障碍线路上无障碍标识信息的覆盖。

三、动线路径规划

无障碍线路是根据障碍者的特征与需求有针对性规划的路线，在路径的沿线设置无障碍设施或标识。随着通用设计的发展，无障碍动线逐渐与正常人的动线设计整合到一起，"隐没"在环境中。但是从设计的路径与无障碍信息逻辑结构上，这条动线是隐含存在的。

无障碍标识设置的核心目标是通过适当的信息传递媒介对环境标识的使用者进行合理有效的引导，传达相应的信息，在动线路径的规划过程中应对障碍人群予以特殊考虑。

1.对于坐轮椅的肢体障碍者而言，轮椅的朝向应与指引通行的方向保持一致。

2.对于信息无障碍领域新技术、新设备的应用时，智能化、信息化标识设置应充分考虑与环境，与人车动线的关系，避免流线交叉或相互干扰。

3.无障碍线路的规划宜采用单线设计，不宜分支，并形成闭环，这样可以减少线路交叉点的歧义，也可以提高到达目标点的效率。

四、标识位置布点

（一）视觉导向标识布点

导向标识的布点设置应遵循层次性、识别性、连续性、规范性、协调性、合理性、方便性等基本原则。应结合使用者的心理与行为特征，以动线分析为前提和依据，按照层级导向，遵循人体工学，充分考虑特殊人群的尺度特征，并满足各项规范的要求。

1.整体布点设置应充分回应以下环境条件因素。

（1）视线设计方面，应考虑观看距离、观看角度以及环境中是否存在遮挡视线的障碍物。

（2）标识尺度方面，应考虑对于标识尺寸和安装高度是否存在限制和障碍物、标识安装形式与尺度有哪些可能性。

（3）光环境设计方面，应考虑现有环境的采光照明情况，以及适宜采用的照明方式。

2.在人行流线的起点、终点、转折点、分叉点、交汇点等容易引起行人对人行路线疑惑的位置，应设置导向标识点位。

3. 导向标识在流线上的间距不应超过 50 m。无障碍需求较高的环境（如大型综合医院、盲人用建筑环境）中，在连续通道或路径上，导向标识间距不应超过 30 m；方向指示标识宜连续或间距不超过 10 m。

4. 停车场应单独考虑无障碍停车位的标识引导，并考虑孕妇停车位独立设置或与无障碍停车位共用，且设置醒目的标识。

5. 除独立式无障碍标识，其他标识的点位与整体建筑环境的标识点位重合时，宜通过标识造型整合在一个标识牌上，避免同一位置或邻近设置多个标识，应达到信息传达的作用，并对环境形成最小干扰。

（二）无障碍标识布点

1. 无障碍标识系统的设置，标识的无障碍设计包括通用标识的无障碍设计和无障碍设施符号，参见国标 GB/T 10001.9-2008。下列公共建筑环境应设置专门无障碍标识系统，其他公共建筑环境宜设置无障碍标识系统：

（1）特殊教育、康复、社会福利等公共建筑。

（2）国家机关的公共服务建筑。

（3）文化、体育、医疗卫生等公共建筑。

（4）交通运输、金融、邮政、商业、旅游等公共建筑。

（5）居住区级以上公园。

（6）市级以上旅游景点。

2. 无障碍设施标识，无障碍设施应依据现行国家标准《标志用公共信息图形符号》"第9部分：无障碍设施符号"（GB/T 10001.9-2008）设置明显的相应类型的无障碍设施标识，或通用无障碍设施标识，其尺度、色彩、位置、高度等应符合要求。超过 2×10^4 m² 的商业建筑、科教文卫建筑、旅游建筑、交通建筑宜设置交互式标识系统。

3. 触觉标识布点，视力残疾人使用较多的公共建筑宜设置触觉或听觉标识系统。我国现行国家标准《公共建筑标识系统技术规范》（GBT 51223-2017）第 6.1.3 条规定：所有无障碍设施应设有触觉标识系统，设置位置及形式应符合表 4-2-5 的规定。

表 4-2-5　触觉标识的设置位置及形式

空间类型		设置位置	设置形式
导入 / 导出空间		无障碍出入口	盲道、凸点盲文、凸出方向箭头、触摸式空间信息
		轮椅坡道	扶手凸点盲文、凸出方向箭头
交通空间	垂直交通	楼梯	扶手盲文楼层信息
		无障碍电梯	盲文按钮、带有楼层语音提示的设备、盲文地图
	水平交通	走廊、过道、过厅、通廊	扶手凸点盲文、凸出方向箭头、盲道、盲文地图
功能空间		无障碍设施	盲文识别标识
		无障碍厕所	盲文识别标识
		建筑各功能空间	盲文识别标识、无障碍出入口指示、盲文地图

五、标识类型设置细化

无障碍标识类型的细化阶段应考虑环境标识信息的使用者如何从不同等级类型的圈层逐步引导到目的地。布点设置应坚持范围由大到小，由远到近，由外而内，按照圈层的层级导向设置。

复杂功能建筑或环境空间的导向类标识应使用多种构造类型的标识组合，如综合使用悬挑式、悬挂式、贴壁式、地牌式、地面式、交互式等。整体布点设置应考虑以下环境条件因素：

（1）观看距离。

（2）观看角度。

（3）对于表示尺寸和安装高度的物理限制。

（4）视线中的障碍物。

（5）采光照明情况。

（6）标识安装的可能性。

（7）与标识临近的地面、墙面等依附环境等。

举例来说，考虑使用者在空间环境中的主要观察方式，如在线性空间（例如走廊）中，宜选择以悬挑式、悬挂式为主，而空旷环境则宜选择以贴壁式、立牌式为主。

第三节 标识的材料与工艺

一、标识的材料分类

标识系统设计得优秀不仅体现在形态、功能等方面，也体现在材料的设计运用上。几乎所有的建筑材料和很多工业材料均可用于标识制作。标识材料的分类方法多种多样，在不同原则下的分类为标识设计选材提供了一定的参考。常见的分类方法包括：按照材料的化学成分来分（表4-3-1），主要分为无机材料、有机材料、复合材料这三大类，其中无机材料分为金属材料和非金属材料；按照材料来源分，可将材料分为天然材料和人造材料，其中人造材料又可以细分为加工材料、合成材料、复合材料、智能材料等；按照材料的形态来分，又可将其划分为线材、面材和块材；设计中较多按照性能分类，可分为塑料、金属、石材、木材、玻璃等。

表4-3-1 标识材料按化学成分分类

材料类别			举例
无机材料	金属	黑色金属	钢，铁
		有色金属	铜，铝
	非金属	天然石材	花岗岩，大理石
		烧结与熔融产品	砖，陶瓷、玻璃
		胶凝材料	水泥，石膏
有机材料	动植物材料		木，竹，皮
	合成高分子材料		树脂，塑料
复合材料	无机复合材料		混凝土，钢筋混凝土
	有机复合材料		碳纤维，玻璃钢，铝塑板

来源：贾巍杨整理

二、标识材料的性能

材料主要的物理性能包括密度、力学性能、热工性能、电性能、磁性能、光性能。力学性能主要包括材料的变形性能、强度、脆性、韧性、硬度；热工性能主要包括材料的导热性、比热容、热容量。

主要化学性能则指材料在常温或高温时抵抗各种介质的化学或电化学侵蚀的能力，是衡量材料性能优劣的主要质量指标，包括耐腐蚀性、抗氧化性和耐候性等。

标识材料不同，其性能也各不相同，而这些性能则是设计师选择材料的基础。公共标识材料要具备一些必要的性质，如耐久性、耐腐蚀等。耐久性是一个综合的物理化学指标，包括抗冻性、抗渗性、抗化学侵蚀性、抗碳化性能、抗紫外线老化、耐热、耐磨等性能。

三、选择材料的基本原则

材料的选择应根据标识创作的艺术与功能需求来确定。材料可以使用的艺术创作特征包括与标识结合的形态、质感、色彩等美学价值及其搭配组合，同时这些艺术价值特征也恰恰是无障碍标识所需的部分主要功能需求，当然功能需求还包括前述的材料物理化学性能。

（一）形态创作

创作特定的标识造型，使用材料须能够满足其形态特征。而材料依据形态主要可归纳为线材、面材和块材。

线材一般具有较好的抗拉性能，其中不少还具有较好的弹性和韧性，如钢材、竹材、塑料纤维等。线材有导向性、延伸性，也能够方便地进行拼贴、组合，因而表现弹性、伸展、速度、张力、流动、聚集、发散的艺术美感均能胜任。多数单一线材由于几何特征导致抗压性能较差，但众多线材组合在一起则支撑力会大大增加，在标识造型中也可以作为骨架支撑。

面材的平面比线材拼缀更为充实完整，也能够围合成封闭的中空形态从而构建体块形态，比块材节省材料并减轻了重量，因此标识设计中亦很常见。在艺术塑造方面，面材既能够做出线材的轻快和舒展风格（图4-3-1），也能营造块材充实、沉稳的性格。各种面材的特性也各不相同，因而适合不

图 4-3-1
天津桥园公园标识

图 4-3-2
天津睦南公园标识

图 4-3-3
块材标识

同视觉语言，如布料和皮革柔软，金属弹性可塑，玻璃、木板、石板则坚硬。另外，面材构造差异也会形成不同的艺术风格，如平滑表面具有纯粹性，凹凸的面材则具有体量感，镂空的面材具有一定通透感，等等。

块材具有较好的体量感，本身可以进行切削、分割、堆叠和变形，造型的可能性也很多。块材本身适合塑造充实、稳定的形式特征，但也可以形成不同的视觉特征，如自然形态的块材营造浑然天成的美感（图 4-3-2），几何形的块材又能给人秩序感（图 4-3-3）。

（二）材料质感

材料质感是材料的表面特征带给人的触觉和视觉的审美感受。质感可以从肌理和质地两个层面进行理解，肌理是由材料表面的几何细部特征构成的形式要素，质地是材料表面的自然属性特征构成的内容要素。

1.肌理。肌理是材料表面的组织、排列、构造给人的审美效果，包括材质、纹理、色泽等内容。材料肌理具有丰富的视触觉效果，能够塑造多样形态、多种层次的美感，还可以起到暗示功能的作用。

肌理可分为自然肌理和人工肌理，前者指由自然演变或自然现象形成的材质状态，如纹理、结节、风化等，人工肌理是指材料表面经加工工艺后形成的人为肌理特征，如可以通过印制工艺、喷涂工艺、表面腐蚀工艺等形成拼贴、蚀刻等肌理效果。即使是同一类型的材料，不同的肌理也可以形成差异化的视觉效果和审美感受。

肌理也组合运用以形成对比、层次、递进等关系，但通常在同一标识中不宜超过三种肌理，以免给人堆砌感反而妨碍信息的表达。

2. 质地。质地是材料本身的结构和组织，是材料的自然属性，尤其指材质表面作用于人的触觉和视觉系统的刺激性信息，如软硬、粗细、冷暖、干湿、凹凸、滑涩等。按照人对材料的感觉特性，可将其分为触觉质地和视觉质地。

触觉质地是人们通过直接接触材质感知的材料表面特性。材料表面的单元构成，如条状、点状、球状、孔状、曲线、直线、经纬线等，会产生相应的不同触觉质地感。如精美的陶瓷釉面触感细腻、光洁，而粗糙的石材表面触感粗犷、坚硬。一般来说，细腻、柔软、光洁的表面触感令人手感舒适，也就是"手感好"；而粗糙、黏涩、锈蚀的表面常令人手感不快。

视觉质地感是靠视觉来感知的材料表面特征，材料表面的光泽、色彩、肌理和透明度等都会产生不同的视觉质地感，如精细、粗放感、均匀感、光洁感、透明感、素雅感、华丽感、自然感等。

3. 材料色彩。材料的色彩有固有色彩和人工着色。标识设计首先应当充分挖掘材料固有色彩的美感，特别有助于标识融入环境或表达地域特色的（图4-3-4）。

随着加工工艺技术的发展，可以不再囿于材料本身的限制，对材料进行人工着色愈来愈多见。可采用的着色工艺也愈来愈多，包括喷涂工艺、渗透

图 4-3-4　固有色标识　　　图 4-3-5　人工着色标识

工艺、水转印工艺、贴膜处理等。此外，人工着色工艺可以增强材料的耐久性（图4-3-5）。

4.材料的透明与光泽。基于材料的光学特性，可分为透光材料和反光材料。材料对外来的入射光线可以有反射、吸收和透过三种情况，完全反射的称为白体，完全透过的称为透明体，完全吸收的称为黑体。自然界没有理论上所定义的绝对的黑体、白体或透明体材料。

（1）透明性和透光材料。透明性好的材料，其透光率可高达90%以上。透光材料的特性在建筑环境中表现为轻盈、明快、开阔的风格。标识设计中比较常用的透光材料包括亚克力、玻璃等。透光率较小的材料称为半透明材料，多层透光材料叠合也会降低透光性，都可以产生朦胧的美感。

（2）光泽和反光材料。光泽是材料表面反射外部光线而产生的视觉效果，不同的材料表面可以对外部光线的投射角度、强弱、光色产生影响。不同光泽效果的获得可以通过对材料表面的加工处理达成，例如常用抛光处理使石材和金属产生镜面、亚光面效果，由于反射外部影像而显得生动活泼（图4-3-6）；而毛面、不反光材料则能塑造质朴、含蓄的风格（图4-3-7）。

材料按照反光特性可分为定向反光材料和漫反射材料。定向反光材料是指光线在反射时带有某种明显的规律性，一般表面光滑、不透明，能够反射周围环境的影像，如高亮的金属表面。漫反射，是投射在粗糙表面上的光向各个方向反射的现象，这种材料表面颗粒无规律，呈现为无光泽或亚光效果，如木材表面。

图4-3-6　高亮金属标识

图4-3-7　天然石材标识

（三）材料的选择与搭配

标识设计必须充分研究材料的种类、性能、质感与其功能、结构、形态之间良好的匹配关系。实际情况市场上可选的材料种类繁多并且发展迅速，要想了解乃至掌握更多的材料，除了查阅图书和网上资料，还应当多去展会、市场、施工现场，并多向一线的厂商和工人虚心学习。

可以从以下几个方面进行材料分析：一是材料的视觉特征，二是材料的自然属性，三是材料的加工工艺，四是新材料或材料的新用途。深入分析材料的几何特征、色彩以及色彩搭配、质感及材料搭配方式，有助于在发挥材料优势的基础上设计出恰当结构和美观造型；又如分析加工工艺能够得出材料是否可以满足我们对标识形态的设想；应用新材料或新的应用方法有利于充分挖掘材料特性，实现设计创新。

1. 标识材料选择的原则应符合以下要求。

（1）信息传达原则：标识系统设计的基本目的是为了传递信息，不管是视觉的还是听觉、触觉的，因而在选材上首先要考虑材料传达信息的效果及主题。

（2）安全性和可靠性原则：标识尤其是无障碍标识的结构必须稳定可靠，不能有安全隐患，故材料必须取得合格证和市场准入证明，符合相关国家规范、质量标准和安全标准。

（3）以人为本、用户导向原则：标识设计必须考虑使用人群，基于用户的需求材料展开设计，无障碍标识更是要分析潜在的各种类型的使用人群。

（4）使用场所和期限原则：标识的使用场地分为室内和户外两种，按使用期限有临时性标识和永久标识。在户外使用以及永久性标识要经受阳光照射和风吹雨淋，必须考虑选材和工艺的耐久性、耐候性。

（5）可持续原则：标识的整个生命周期内，应着重考虑材料的环保属性（如可回收性、可降解性、易拆卸性、易清洁性等），同时保证应有的功能、质量和使用寿命。还要考虑材料性能的健康特性，有害物质含量应符合国际和国家标准的要求。

（6）经济性原则：标识设计不能一味追求新奇酷炫的视觉效果，而忽视经济上的承受力。此外还应考虑标识前期投入与后期管理维护的成本平衡，也不能仅考虑压低初期成本导致后期需要不断更换维修。

2. 材料的搭配。

标识系统的设计，从视觉层面而言，材料的搭配主要从质感、形态、色彩、风格上整体把握，充分发挥材料的本色和肌理的自然属性，让使用者很容易从诸如坚硬或柔软、光滑或粗糙、金属感或织物感的选择与对比中领略到设计者的创意。在设计使用两种以上不同的材料结合时，即使需要使用材质对比的手法，也须遵从标识整体设计的目的和主题，让各个元素和谐一致为设计理念服务。在商业中心和办公区域常将不锈钢和玻璃搭配设计，时尚现代，简约大气，又能令周围环境设计质感提升。旅游景点、自然生态区常将木材与石材搭配设计，清新淳朴，回归自然。从功能层面来看，既要全面考虑材料的工艺性能、安全性能、经济性、环保性等因素，还要考虑材料搭配时工艺的可行性，要根据材料特性考虑不同材料的结合方式，如有些材料可以焊接，有些材料不可以焊接，有些可以用胶粘，有些则易被胶腐蚀。

四、标识常用材料

（一）石材

石材运用于标识设计中，可凭借丰富的色彩肌理，再配以或古朴或现代的外表，轻松营造出浓厚的自然气息或古典风情。目前常用的包括天然石材和人造石材。石材是最早用于标识的材料之一，如我国古代的石碑、英国18世纪的里程碑和路标都是以石材为制造材料的。石材的造型加工方法主要有手工雕刻、喷砂雕刻、酸蚀刻、水刀切割，以及石粉浇铸成型工艺等，而后期的加工工艺主要是雕刻后贴金、描漆或填漆。石材用于无障碍标识应注意避免设计或加工为尖锐硬角，以防对人产生伤害。

1. 天然石材，是指从天然岩体中开采出来的，并经加工成块状或板状材料的总称。天然石材一般分为火成岩、沉积岩、变质岩三类。石材肌理效果丰富（图4-3-8），坚实耐用，稳定性好，表面可以抛光至能反射人影的镜面效果，也可以保留天然粗糙的原始风貌（图4-3-7）。标识设计常用天然石材有大理石和花岗岩，大理石属于变质岩，抗压强度较高、质地较软，属碱性中硬石材；花岗岩属于火成岩，构造密实、强度高、吸水率低、质地坚硬、耐磨，属酸性硬石材。天然石材虽具有赏心悦目的表面纹理，且色泽鲜明，但比重大且难以机器切割精细雕琢，加工造型难度大。

图 4-3-8　孔庙的石材标识

2. 人造石材，按照生产原材料及工艺，人造石一般可分为四类：树脂型人造石、水泥型人造石、复合型人造石和烧结型人造石，其中以树脂型人造石（常简称人造大理石）最常用。树脂型人造石是以不饱和聚酯树脂为黏结剂，与石英砂、大理石碎石、方解石、石粉等填料按比例配合，再加入催化剂、固化剂、颜料等外加剂，经混合搅拌、固化成型、脱模烘干、表面抛光等工序加工而成。人造大理石是模仿天然大理石的表面纹理加工而成，并且花纹图案可由生产者自行控制确定，可以根据需要进行设计定制。

（二）混凝土

混凝土是极为常用的建筑材料，也是现代建筑产生的重要推动技术之一。混凝土由胶凝材料、骨料按适当比例配合，拌和制成的混合物，经一定时间硬化而成的人造石材。胶凝材料常用的就是水泥，骨料多为砂石。混凝土具有石材的部分性能，如耐久性等，使用彩色水泥或骨料还能做成石材的肌理；混凝土更具备普通石材没有的可塑性、可工业化等性能，因而利用混凝土制作的标识具有良好的户外耐久性能和创作自由度（图 4-3-9、图 4-3-10）。为保证安全性，混凝土标识也应注意避免尖锐硬角或边缘。

钢筋混凝土也常常被称作"混凝土"，但是实质上性质迥异，注意不要将两者搞混。钢筋混凝土又简称钢筋砼，是指通过在混凝土中加入钢筋网、钢板或纤维而构成的一种复合材料，它充分发挥了混凝土和钢材两者

图 4-3-9 混凝土浮雕标识　　　　　　　图 4-3-10 混凝土立体造型标识

力学和物理化学性质的优点。一般来说，混凝土抗压能力、防火性、耐候性好，而钢抗弯能力好。混凝土和钢筋混凝土均适合作为标识的基层或板材（图 4-3-11）。

随着混凝土材料迅速发展，诞生了更多新兴的混凝土材料或新工艺，如纤维混凝土、清水混凝土、自密实混凝土等。其多数既可以作为建筑材料，也适合作为标识材料。纤维混凝土使用了钢纤维和玻璃纤维或更昂贵的碳纤维，改善混凝土的抗拉性能差、延性差等缺点。清水混凝土是指混凝土浇筑后，面层不再有任何涂料或贴瓷砖、石材等材料（除了为防雨可能会喷上一层防水保护膜），表现混凝土本来面目的做法，既可以呈现粗糙狂野的风格，也可以达成精致优美的表面（图 4-3-12）。

图 4-3-11 混凝土基层的标识　图 4-3-12 华阳云台标识方案

（三）木材

木材是古老天然的材料，是人们将树木砍伐后，经初步加工所获得的材料，也是标识最早和最常使用的材料之一。木材既可以保留原有的自然色彩效果，也可以借助漆面改变原有色泽，还可以通过工艺改变表面肌理。作为无障碍标识使用木材，应特别注意表面维护，不能出现木刺等潜在危险。

木材作为导向标识中常用材料之一，主要运用于休闲、古朴、自然的场所，如公园、度假区、风景名胜、自然景区等。天然的材料加上巧妙的设计，能够使标识良好地融于周边环境（图4-3-13）。

图4-3-13 大同华严寺木材标识

1. 天然实木，造型和细腻精致的艺术效果，通过虚实空间的对比，让标识视觉效果更为丰富而精致。另外，红木加工作为手工生产方式，不同于现代机械模具化生产下的产品同一性，具有更大的艺术创造性、自由性等特点，恰好符合导向标识产品小批量定制生产和讲求差异性的生产需求特点。

2. 仿木和人造板，仿木和人造板相较实木有不易变形开裂的优势，在标识中使用较为广泛。仿木是采用树脂、高密度纤维板材、铝合金等其他材料制成的。仿木与天然木材视觉效果几乎相同，也更易于购买并可在工厂成型，后期处理也比较方便；而且仿木更耐久，也不会虫蛀褪色。

（四）玻璃

玻璃是建筑空间环境中常用的材料，具有透明、透光性但又能处理成反射面、反光材质是其最大特点。玻璃也可以加工为多种多样的形态，亦能形成无穷无尽的肌理和各种色彩。玻璃的运用是现代建筑诞生的重要特征之一，其透光、反光、折射的特点令许多设计师热衷，能够营造出通透、镜面或迷离等光影效果。透明玻璃包括平板玻璃、夹丝玻璃、透明玻璃砖等。

玻璃主要缺点是较为坚硬锋利、易碎，因而有可能伤人，因此又出现了安全玻璃，包括钢化玻璃、夹层玻璃等。标识采用玻璃材料时，一定要保证其安全性和稳定性。对于立牌式玻璃标识，必须设计牢固的支撑结构确保其安全稳定性；对于人体能够接触到的玻璃标识，应当使用安全外框包边，或者将玻璃磨边、磨圆。实际上现如今制作标识的玻璃材料很大程度上被树脂类材料所替代了。

玻璃还能与其他材料结合使用，制作出更为丰富的效果。标识常用的玻璃材料包括平板玻璃、有色玻璃、钢化玻璃、夹层玻璃等。

平板玻璃：一般为透光、透明，平板玻璃的厚度有 2 mm、3 mm、5 mm、6 mm、8 mm、10 mm、12 mm、15 mm、19 mm、22 mm、25 mm 等十几种规格，标识中常用较薄的 5 mm、8 mm、10 mm、12 mm 等规格。平板玻璃通过各种工艺可处理成半透光的压花玻璃、毛玻璃。

有色玻璃能够选择进入室内的光的颜色，还可以将一部分吸收的太阳能排出室外。

钢化玻璃属于安全玻璃，经过了特殊工艺处理，强度高、碎后不易伤人，但缺点是不能切割、不能磨削、不能挤压，需要定制。

夹层玻璃也属于安全玻璃，是由两片或多片玻璃中间夹一层或多层有机聚合物叠合而成（图4-3-14）。根据中间所夹材料分为夹纸玻璃、夹布玻璃、夹植物玻璃、夹丝玻璃、夹绢玻璃、夹金属丝玻璃等。夹层玻璃既具备了普通玻璃的基本特点，又提升了玻璃的色彩、肌理质感。

玻璃标识的工艺主要包括雕刻、喷砂、蚀刻、丝印、热熔、磨边等加工方式，有时为了造型的需要，也会进行热弯等成型加工处理，使其不再局限于平面形式的使用（图4-3-15）。玻璃耐久性较好、具备特殊光泽美感，通

图 4-3-14　钢化夹层玻璃地面标识

图 4-3-15　创新工艺玻璃标识

过不同的加工工艺，玻璃可以表现出不同的光感透明度，也可以表现出不同的层次感。玻璃标识既可用于室内导向标识，又可用于户外导向标识，还适用于一些景观性标识。有时则可以充分发挥玻璃作为建筑材料的优势，将导向标识与建筑结构完美结合；还可以利用钢化玻璃设计雕塑式的景观性标识，既具有极强的导向识别性，又具有强烈的现代艺术美感。

（五）树脂类材料

树脂材料现今常常作为玻璃或其他材料的替代材料，它通常是指用于加工为塑料制品的有机聚合物，可分为天然树脂和合成树脂，前者如琥珀，后者则是塑料的主要成分。树脂材料具有很多独特优点，在标识设计中备受青睐。首先，树脂具有较强可塑性，且加工工艺多样，因而在造型的自由度、安装的便捷性、色彩的表现性等方面都具有其他材料无法比拟的优势，尤其主要用于标识的表面构件；树脂材料的导热性能较差，故适合人手触摸，作为触觉无障碍标识的面层材料比较适宜。树脂材料的缺点是耐久性稍差，在实际使用周期中应注重维护，确保不会对标识的完整性、外观和功能造成负面影响。

树脂材料种类繁多，在标识中多使用工程塑料，如亚克力（聚甲基丙烯酸甲酯）、PVC 板（聚氯乙烯）、PC 板（聚碳酸酯）、PU（聚氨酯，聚氨基甲酸酯的简称）、KT 板（聚苯乙烯覆膜板）等。

1. 亚克力，学名为聚甲基丙烯酸甲酯（PMMA），即特殊处理的有机玻璃，"亚克力"是其英文"ACRYLIC"的音译，是一种开发较早的重要可塑性高分子材料。亚克力板材应符合 GB/T 7134《浇铸型工业有机玻璃板材》的规定，表面应平滑，无划痕、斑点或其他表面缺陷。亚克力通常可按生产工艺分为浇铸板、挤出板和模塑料，按透光性可分为透明板、半透明板、色板，按性能分为普通板和特殊板（如抗冲板、抗紫外线板、阻燃板、表面花纹板、磨砂板、珠光板、金属效果板、高耐磨板、导光板）等。

（1）普通亚克力。普通板有透明板、染色透明板、乳白板、彩色板。亚克力优点很多，包括外表美观、色彩多样、透光、质量轻、耐冲击、耐久耐候、环保可回收等。普通亚克力表面平整精美，透明或成镜面效果；亚克力质地柔和，可透明、可色彩鲜艳，与其他材料搭配可满足不同设计风格的要求，常与不锈钢、大理石等材料搭配使用。亚克力密度为 1.18 g/cm³，不到普通玻璃的

1/2，制作大型外挂灯箱标识时，安装轻便安全，且抗冲击性能高。亚克力具有较好的颜色饱和度和耐久性，长期户外使用不易发生脆化现象；能够抗紫外线，不易褪色；温度适应范围较广（-50 ℃~70 ℃），不易变形。亚克力的透光性强（图4-3-16），普通条件在户外使用可达25年之久，透光率仍达80%以上；且可内置光源，夜晚亮度均匀柔和（图4-3-17），密封性较好。亚克力可塑性强，可根据设计需求进行冷热加工，形式多样（图4-3-18）。在加工性能方面，亚克力可以采用切割、电锯、钻孔等各种工具进行减法加工，也能用丙酮、氯仿等粘结成各种形状的器具，还能用吹塑、注射、挤出等塑料成型的方法加工成大到飞机座舱盖，小到假牙等形形色色的制品。亚克力的适用范围极广，工艺的适应能力极强，从丝印、切割、浮雕、激光雕刻到真空吸塑成型，都具有一定优势。亚克力的缺点是不防火，不具备自熄性。亚克力板常见规格有1.22 m×2.44 m，1.22 m×1.83 m，1.25 m×2.5 m，2 m×3 m，厚度为1 mm~50 mm。

（2）亚克力黑白板。亚克力黑白板又称日夜板，实际是黑色透光的亚克力板，白昼无灯光时表面看起来是黑色，夜晚内部白色光源点

图 4-3-16
透明亚克力标识

图 4-3-17
亚克力灯箱标识

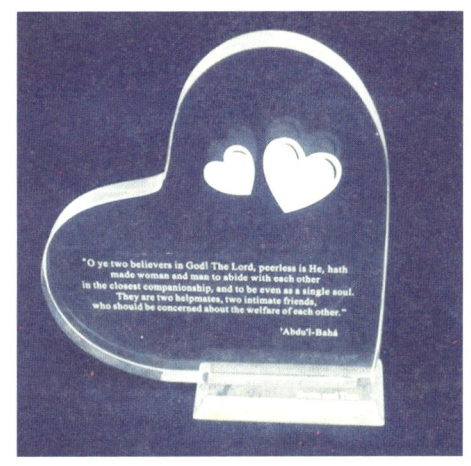

图 4-3-18
异形亚克力标识牌

图 4-3-19
亚克力黑白板标识

图 4-3-20
亚克力导光板标识

图 4-3-21
导光板

亮外表成为亮白色（图 4-3-19），这样就解决了标识在白昼和夜晚的不同识别需求。亚克力黑白板常用板材规格为 126 cm×186 cm、126 cm×248 cm、163 cm×315 cm、215 cm×315 cm。

（3）亚克力导光板。亚克力导光板是一种新型材料，它不同于灯箱内置光源，板材自身即可发出类似霓虹灯一般绚丽多彩的光色（图 4-3-20）。其原理来自液晶屏，是将线光源转变为面光源，在光学级亚克力板材底面用激光雕刻、V 形十字网格雕刻、UV 网版印刷技术印上导光点（图 4-3-21），当光源光线射到各个导光点时，反射光会向各个角度扩散，然后破坏反射条件，由导光板正面射出，通过各种疏密、大小不一的导光点，可使导光板均匀发光。亚克力导光极具有超薄、超亮、导光均匀、节能、环保、无暗区、耐用、不易黄化、安装维修简单快捷等特点。

亚克力导光板按网点分为印刷式和非印刷式。印刷式导光板是完成外形加工后，以印刷方式将网点印在反射面，又分为红外线烧蚀（IR）和紫外线（UV）两种；非印刷式技术更新，是将网点在导光板成型时直接成型在反射面，又分为化学蚀刻（Etching）、精密机械雕刻法（V-cut）、光微影法（Stamper）、激光雕刻等类型。

亚克力导光板按照入光方式可分为直下式和侧入光式。直下式最为多见，是将光源放置于导光板上方（图4-3-22）；侧入光式是将光源放置于导光板侧面。

亚克力导光板可以做成超薄灯箱，即"导光板超薄灯箱"，是采用多种多样的外框材料将导光板制成的新型广告灯箱，它有导光板的优势，相比传统灯箱具有很多优点：灯箱厚度最薄可小于30 mm（传统灯箱120 mm以上），轻巧、节省空间；使用寿命可达8年；耗电量仅是同等面积普通灯箱的23%，有利于节能；可以使用任何光源，LED、CCFL、荧光灯管均可；光线平面输出，比传统荧光灯管均匀；广泛采用优质铝合金开启式整体外框结构，配备可移动式挂钩或挂孔，安装及更换简单、快捷、省工、省时、经济。

2. PVC发泡板，又称雪弗板或安迪板，化学成分是聚氯乙烯（Polyvinyl Chloride），也是常用的建筑和装饰材料。PVC发泡板是常用建筑材料，具有保温、隔音、减震的特点，用于标识的优点还包括防水、阻燃、耐酸碱、防蛀、轻质高强、易加工，但缺点是不耐高温、脆性较大，在光和热的作用下容易老化。产品厚度为1 mm~33 mm（图4-3-24）。

PVC板和木材同等加工，且加工性能优于木材，可锯、可刨、可钻、可粘，还具有不变形、不开裂、不需刷漆（有多种颜色可选，见图4-3-25）等优势。PVC板还可焊接和油墨印刷，也可用雕刻机加工成型，常用于立体字、装饰图案和标识面板的制作（图4-3-26、图4-3-27），厚度一般为3 mm~20 mm。

3. PC板，是由聚碳酸酯（PC）树脂加工而成的工程塑料板材，主要有PC阳光板和PC耐力板。阳光板是中空的多层或双层板材（图4-3-28），耐力板是实心板材（图4-3-29）。

PC阳光板又称聚碳酸酯中空板、玻璃卡普隆板、PC中空板，透明度高、轻质、抗冲击、隔音、隔热、难燃、耐高温，是一种综合性能较好的建筑材料。缺点是不耐强酸、不耐碱，因而表面需要增加UV（抗紫外线）涂层。PC阳光板由于中空有纤维骨架，其透光率为60%~80%，同时光线通过时呈散射状，效果柔和；由于产品结构中含有纵横交错的玻璃纤维增强材料，其抗冲击性极好，是普通玻璃的250~300倍、同等厚度亚克力板的30倍，是钢化玻

图 4-3-22
直下式亚克力导光板标识

图 4-3-25
彩色 PVC 发泡板

图 4-3-23
超薄灯箱标识

图 4-3-26
PVC 立体字

图 4-3-24
PVC 发泡板

图 4-3-27
PVC 标识面板

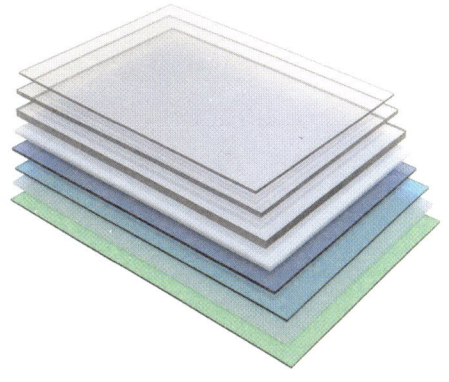

图 4-3-28 PC 阳光板   图 4-3-29 PC 耐力板

璃的 2~20 倍；是阻燃材料，离火后自熄，燃烧时不会产生有毒气体；由于材料有空气间层，故导热系数小，保温性能优于玻璃和有机玻璃；加工性能较好，可冷弯或热弯，可在施工现场采用冷弯方式，安装成拱形、半圆形造型，最小弯曲半径为板厚度的 175 倍；也可以制成多种颜色。

PC 耐力板又称聚碳酸酯实心板、PC 防弹玻璃、PC 实心板，其实心均匀，透光性好于阳光板，几乎与玻璃一样，但保温性能则不及阳光板，其他性能与阳光板类似。

4. PU 材料，就是聚氨酯材料，是聚氨基甲酸酯的简称（英文 polyurethane），是一种新兴的有机高分子材料，被誉为"第五大塑料"。PU 复合材料性能优良，重量轻、强度高、易加工，并且稳定性较好，不变形、不开裂、不腐烂、不吸水、不渗水、防虫蛀、抗腐蚀、耐酸碱，而且着色性也较好、保持时间长，可直接水洗。其缺点是耐火性不如 PVC 和 PC 板，但可添加耐火剂改良。PU 材料用不同工艺发泡成型，可制成仿实木、仿石材、仿金属等效果，用以实现木纹理、石材肌理、金属质地等效果。例如聚氨酯仿木材采用了硬泡工艺，具有强度高、韧性好、结皮致密坚韧、成型工艺简单、生产效率高等特点，强度可比天然木材高，密度可比天然木材低，可替代木材用作各类高档制品（图4-3-30）。这种材料在建筑装饰中较为常用，目

图 4-3-30 PU 仿木材料

前在标识行业使用还不是很多，发展潜力较大。

5. KT板，是一种由聚苯乙烯（Polystyrene，缩写为 PS）颗粒经过发泡生成板芯，经过表面覆膜压合而成的新型材料。KT板挺括、轻盈、不易变质、易于加工且价格比前几种板材都便宜，并可直接在板上丝网印刷（丝印板）、裱覆背胶画面及喷绘。其缺点也很明显，不防火、内芯较软、强度低，硬度远远不及 PVC 板，故通常需附加结构骨架、用作临时性标识。KT板广泛用于标识广告、飞机航模、建筑装饰、文化艺术及包装等方面，尤其常用于展览、展示的装裱衬板，也常常大量应用于丝网一次印刷。KT板尺寸规格丰富，宽从 0.9 m 到 1.2 m，长一般是 2.4 m。

6. 树脂类片材，树脂类材料除用作标识牌的板材，也常常使用片材用作标识表面面层，或使用吸塑工艺做成立体造型。常用片材包括 PVC（聚氯乙烯）片材、PP（聚丙烯）片材、PET（聚对苯二甲酸乙二醇酯）片材。

PVC 片材：是一种用途广泛而深受欢迎的材料，可以制成透明、彩色、防静电、镀金、植绒等各种各样片材用于真空成型。PVC 片材特点是透明度高、表面光泽好、晶点少、水纹小、用途广、耐冲击性强，且易于成型。PVC 易热合，可采用封口机和高频机封边，是生产透明吸塑制品的主要原料。PVC 硬片韧性适中，不易燃烧；但燃烧时会产生氯气，对环境会造成一定影响。

PP 片材：是近年发展起来的新型环保材料，是 PP 树脂经挤出、压光、切边等工艺过程而制成，具有质轻、表面光亮平静、耐热性好、机械性强度高、化学稳定性优良、绝缘性、无毒等特点。PP 片材的主要特点：一是产生静电低；二是易于真空盛开，且制品具有良好的抗冲击性能；三是易着色处理，可做成颜色各异的材料，生产成不同颜色的真空罩造型；四是硬度良好，与同等厚度的其他片材比较，其硬度较佳；五是符合环境保护要求，可回收再利用，焚烧其废弃物时也不会产生危害环境的有害物质。

PET 片材：也是近年发展起来的新型材料，具有优良的韧性、高强度、高透明性，且可回收再利用，燃烧不产生有害气体的优异环保性能。PET 片材的主要特点：具有优良的透明性与光洁度，展示效果好；表面装饰性能优良，不经表面处理即可印刷；易压制花纹，易金属处理（真空镀金属层）；具有良好的力学强度；对氧气及水蒸气的阻隔性能良好，耐化学性能好，可经受多种化学物质的侵蚀；热成型性能好，与普通 PVC 片材相当。

7. 玻璃钢

玻璃钢是玻璃纤维增强塑料的俗称，是以不饱和聚酯树脂为基体制作的增强塑料。它以价格低廉、工艺性好、固化后综合性能好等优势，广泛应用于建筑装饰、标识制作等方面，尤其适用于多面异形的导向标识制作（图4-3-31）。玻璃钢常用的成型工艺有手糊成型、模压成型、缠绕成型、拉挤成型。

图 4-3-31 玻璃钢标识

（六）金属材料

金属是标识设计常用的材料之一，其多数性能对于一般标识都是相当出色的：可以加工铸造成复杂形状，既可以作为基座、支柱等结构支撑构件，也可以作为装饰、面板构件；表面处理加工的方式多种多样，从镜面到粗糙纹理，再到漆面处理全部胜任。但是对于无障碍标识，需要注意由于金属导热性强，触摸容易感觉冷，故部分场合的触觉标识不宜使用金属作为人体肌肤接触的材料。

制作金属标识的材料主要有钢材、冷轧板和镀锌板、不锈钢板、铜板、铝等。

1. 钢材：钢是对含碳质量百分比介于 0.02%~2.11% 之间的铁碳合金的统称，可分为碳素钢和合金钢。钢材中含量仅次于铁元素的成分为碳时，称为碳素钢；钢材中含量仅次于铁元素的成分为其他合金元素时，称为合金钢。钢材具有优良的抗拉、抗弯结构性能，多数钢材塑性好、韧性高、可焊接、硬度高、耐疲劳。并且钢材产量大、品种多、规格齐全、价格便宜、易于加工。标识行业常用的钢材为普通碳素结构钢 Q235，Q 表示这种钢材的屈服极限，235 是指屈服值。市场上，钢材常见的类型有薄钢板、厚钢板、角钢、工字钢、槽钢、弯曲型钢、无缝钢管、焊接钢管。

（1）冷轧板：钢材的轧制能使金属的晶粒变细，也能使气泡、裂纹等焊合，从而改善钢材的力学性能。冷轧板是以热轧板卷为原料，在常温下经过冷轧工序生产的钢板，厚度一般在 0.2 mm~4.0 mm，表面光滑、美观、厚度尺寸比热轧板精度高，机械性能和工艺性能在许多方面都优于热轧板。冷轧板由于材料成本低，应用十分广泛。冷轧板的优点一是表面光洁外观好，易于进行涂镀加工，着色附着力强，品种多、用途广；二是可塑性强，即屈服点低于热轧板，相对加工方便，可以用来做各种造型。不足之处是氧化快，易生锈，所以表面处理相当重要，烤漆要严格把关。

（2）镀锌板：镀锌板是表面镀有一层锌的钢板，目的是防止钢板表面锈蚀。根据制作工艺可分为热浸镀锌钢板、合金化镀锌钢板、电镀锌钢板等。其中电镀锌钢板具有良好的加工性，常用于制作复杂造型标识，但因镀层较薄，其耐腐蚀性不如热浸镀锌钢板。

（3）不锈钢：一般指耐空气、蒸汽、水等弱腐蚀介质或具有不锈特性的钢，而耐化学腐蚀的钢称为耐酸钢；但有时也把两者总称不锈耐酸钢，简称为不锈钢。不锈钢常加入铬、钛等元素以提高抗蚀性能，目的与镀锌板一致，但不仅是表面工艺处理，因而价格要更高。不锈钢有上百种，应用于不同领域。标识中常用的不锈钢板有亮面和亚光两种，金属质感好，光洁度高，不易生锈，易清洁，耐腐蚀，耐磨损，硬度高，延展性好，可焊接，可硬化。不锈钢本色能适合工业和时尚等多种风格（图4-3-32）；但其本色较为灰暗单一，在阴雨天效果不佳，阳光下则有时会有眩光，不易看清内容（图4-3-33）。不过不锈钢也可以通过喷漆等工艺处理来丰富色彩（图4-3-6），后期维护时需要清洁污迹、打蜡、抛光等操作，维护成本稍高。

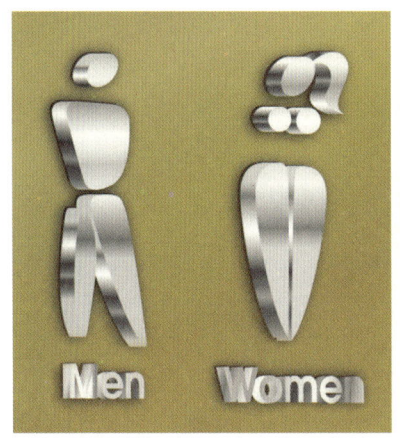

图4-3-32
时尚不锈钢标识

图4-3-33
唐山世园会不锈钢标识

图4-3-34
大同华严寺铜制标识

不锈钢板按照厚度分类为：薄板 0.2 mm～4 mm、中板 4 mm～20 mm、厚板 20 mm～60 mm、特厚板 60 mm～115 mm。导向标识常用薄板和中板，常用标号为 201、304、316 的不锈钢板。

2. 铜板：铜具有良好的导热性、导电性，延展性好，易于蚀刻加工，也是人类最早使用的金属之一；铜的稳定性好，在潮湿环境中不易氧化。标识制作以黄铜、青铜、紫铜应用最为广泛。铜的主要魅力在于它在各种环境中缓慢老化所产生的丰富质感的表面，标识可利用这一特性来表现古旧之感、古风之韵（图 4-3-34）。经过镀金处理的铜则可以表现细腻的光泽感，典雅大方，亦可防腐蚀。

3. 铝：是银白色轻金属，是标识最常用的金属材料之一。它质量轻、强度高，导电导热性好，耐腐蚀、耐久性好，耐低温；它延展性好，易加工，造型创作空间大（图 4-3-35）。铝材的不足之处在于后期喷漆较难固化，易发生漆面脱落的现象，所以常选合金底漆为底，再喷氨基烤漆以加强漆面附着力。标识系统中常见的铝质材料包括铝板、铝合金型材及铝塑复合板等。

图 4-3-35　铝字标识　　　　　　　　　　　　图 4-3-36　仿木铝合金标识

铝板表面可处理为雾面、拉丝、亮面。铝合金优点是质感好、氧化慢、重量轻、外观时尚整洁，安装轻便；合理结构设计则更换容易，板材厚度高，平整性好；着色附着力强，成本较低。缺点是加工必须由专业人员制作，并且焊接工艺难度大，因而限制了复杂造型标识的创作。

铝合金型材通用性强，品种多、规格全，无须焊接、组装方便，节省时间和成本，常用做标识的结构材料。可通过电泳、阳极氧化、表面喷涂、电镀等多种工艺进行表面着色（图 4-3-36），或做成镜面不锈钢、拉丝不锈钢

的效果。铝合金型材也常常与其他
标识材料组合运用。

铝塑复合板也是常用铝材料之
一，简称铝塑板。它是以塑料为芯
层，双面外贴铝板的三层复合板
材，并在表面施加装饰性或保护性
涂层。铝塑板具有质轻、易加工成
型，耐候、耐蚀、耐冲击、防火、
防潮、隔音、隔热、抗震、易搬运
安装等特点，且造价低，色彩和质
感丰富，能满足标识多样的设计表
现需求。

（七）布料和皮革

1. 布料：是装饰设计常用材
料，是由织物或塑料制成的非刚性
材料，类型按原材料可分为棉布、
化纤布、麻布、毛纺布、丝绸及混
纺织物等。室内标识常用绢丝布、
油画布，户外标识常用灯箱布、户
外绢布等。另外，横幅通常由乙
烯、尼龙、特卫强、府绸、涤纶等
布料制成。

布料标识通常需要依托于其他
材料的支撑结构。布料标识可以进
行图文信息的数码印刷，也可以用
贴花方法进行图形修饰。临时性标
识和旗帜标识较多采用喷绘工艺在
布料材质制作，顶部和后部通常需
要安装结构（图4-3-37、图4-3-
38）。布制的横幅和旗帜能够随风飘

图 4-3-37
灯箱布标识

图 4-3-38
喷绘布旗帜标识

图 4-3-39
皮革标识

动，可以给环境带来动感和喜庆的氛围。所有布制标识寿命都有限，室外布制标识一般选择有抗 UV 涂层的布料，以防日晒褪色老化。

灯箱布，又称喷绘布、宝丽布，是由两层 PVC 膜和导光纤维网格布组合而成的面料，由于常用于灯箱标识而得名。灯箱布具有柔韧性好、透光均匀、便于分割、拼接、托运、户外安装简单等特性，特别适合彩色喷绘。根据户外使用的要求，灯箱布具有防水、抗霉变、阻燃、抗寒热、抗紫外线等特点。灯箱布接生产工艺分为三种，分别是刀刮法、压延法和贴合法。目前，国内 90% 以上的大型彩色喷绘灯箱画面皆选用灯箱布作为底材。灯箱布按透光率和光源的位置分为后打光灯箱布、前打光灯箱布和网格布三种。优质灯箱布应当具备良好的色牢度、吸墨性、拼接性、表面自洁性和防霉特性。

2. 皮革：是皮和革的总称，皮是经脱毛和鞣制等物理、化学加工所得到的已经变性不易腐烂的动物皮；革是由天然蛋白质纤维在三维空间紧密编织构成的材料。皮革按制作方式分为真皮、再生皮、人造革和合成革。真皮是动物生皮经鞣制加工而成，具有各种强度、手感、色彩、花纹的品种；再生皮是将各种动物的废皮及真皮下脚料粉碎后，调配化工原料加工制作而成，价格便宜，但强度较差；人造革也叫仿皮或胶料，是由各种不同配方的 PVC 和 PU 等人造材料等发泡或覆膜加工制作而成，具有花色品种繁多、防水性能好、边幅整齐、利用率高和价格相对真皮便宜的特点；合成革是模拟天然皮革的组成和结构并可作为代用材料的塑料制品，表面主要是 PU（聚氨酯），基料是涤纶、棉、丙纶等合成纤维制成的无纺布，特点是一定的透气性，光泽漂亮，不易发霉和虫蛀，并且比普通人造革更接近天然革。皮革的特殊肌理效果，能为导向标识带来特定的艺术效果（图 4-3-39）。

（八）油墨和油漆

1. 油墨：是标识面层常用的材料之一。在标识生产制作过程中，图文信息常常是以丝网印刷的方式印在标识上的（图 4-3-40）。丝印油墨按特性可分为荧光油墨、亮光油墨、磁性油墨、导电油墨、香味油墨、升华油墨、转印油墨等；按干燥方式分为紫外线干燥油墨（UV 油墨）、快固着油墨、自干油墨、低温热固油墨、高温油墨；按状态分胶体油墨、固体油墨；按承印材料分纸张用油墨、织物用油墨、木材用油墨、金属用油墨、皮革用油墨、玻璃陶瓷用油墨、塑料油墨等。不同标识基材需要选择不同种类油墨，不同品

图 4-3-40
油墨丝网印刷的亚克力标识

图 4-3-41
唐山世园会木材标识漆面

图 4-3-42
金属烤漆标识

牌、不同系列油墨不可混调。丝印油墨宜存放于阴凉干燥处。丝网印刷油墨宜采用耐候性类型，且应能抵御正常的清洁工作的磨损。开罐后如果是 UV 油墨，必须放置冷藏柜内，并且避免照射灯光。未开罐油墨保质期为 12 个月，开罐后应尽快使用，原则上不得超过 6 个月。

2. 油漆：也是一种标识面层常用的材料，也称涂料，现代工业生产的是化合物涂料，它能牢固覆盖在物体表面形成保护膜，起保护、装饰、识别等作用。保护作用涵盖了防腐、防水、防油、耐化学品、耐光、耐温等；油漆可在表面形成颜色、光泽、图案和平整性等装饰作用；此外还有标记、防污、绝缘等用途。

油漆为黏稠油性颜料，未干情况下易燃，不溶于水，微溶于脂肪，可溶于醇、醛、醚、苯、烷，易溶于汽油，一般是由成膜物质、填料、溶剂、助剂四种基本物质组成。根据性能要求成分会略有变化，如清漆没有填料。成膜物质也称黏结剂，成膜物质大部分为有机高分子化合物如天然树脂（松香、大漆）、涂料（桐油、亚麻油、豆油、鱼油等）、合成树脂等混合配料，经过高温反应而成，也有无机物组合的油漆（如无机富锌漆）。各种颜料为次要成膜物质，辅助膜物质包括各种助剂、溶剂。助剂在油漆的生产、贮存、使用以及漆膜的形成过程起到非常重要的作用，虽然使用量很少，但对漆膜的性能影响极大，如油漆光照作用下易褪色，需要依靠光稳定剂、抗氧化剂等添加剂缓解漆面褪色问题，使标识较长年限仍能保持光亮美观的效果。溶剂包括各种有机溶剂、水，主要稀释成膜物质而形成黏稠液体，以便于生产和施工。

油漆按使用层次可分为腻子、底漆、中层漆、面漆等，按涂膜外观可分为清漆、色漆，按光泽效果可分为无光、平光、亚光、高光等。标识制作中，在金属材质上主要用汽车漆和氟碳漆作为饰面涂料；在木质材料上主要用醇酸漆和硝基漆（图4-3-41）；还有些特殊质感效果的油漆，如真石漆。近年常见的烤漆工艺效果特别光亮美观，它在基层板材打磨到一定粗糙程度后（通常是高密度板材），喷上若干层油漆，并经高温烘烤定型的制作方法。烤漆工艺目前对油漆要求较高，显色性好（图4-3-42），例如以聚四氟乙烯为基体树脂的高性能特种涂料（特氟龙涂料，英文名称为Teflon）。

（九）陶瓷和搪瓷

1. 陶瓷：是陶器和瓷器的合称，是由黏土或黏土混合物高温烧制而成。陶与瓷的区别在于分别使用了陶土与瓷土，并且瓷的烧制温度高于陶，因而陶的质地相对松散，颗粒也较粗，烧成后色泽自然古朴；瓷的质地坚硬、细密，釉色丰富；介于两者之间的称为炻器。陶瓷最早由中国人发明，是中华文明史的重要组成部分，也是中国的代名词，陶瓷材料能充分体现中国文化艺术品格。因此，一些特定环境中，采用陶瓷材料的标识能较好地反映浓厚的中国文化韵味、营造空间艺术美感（图4-3-43）。

2. 搪瓷：又称珐琅，是将无机玻璃质材料通过熔融凝于基体金属上（厚度一般为0.8 mm或1.2 mm），并与金属牢固结合在一起的一种复合材料，可以防止金属生锈，使金属在受热时不至于在表面形成氧化层并且能抵抗各种液体的侵蚀。搪瓷标识不仅安全无毒，易于洗涤洁净，而且在特定的条件下，在金属坯体上表现出硬度高、耐高温、耐磨以及绝缘作用等优良性能，广泛应用于化工、电力和电信等腐蚀性强的环境下或一些户外环境中（图4-3-44）。搪瓷标识生产主要包括釉料制备、坯体制备、涂搪、干燥、烧成、检验等工序。

图4-3-43
瓷质标识——南京议事厅酒店

图4-3-44
搪瓷标识

图 4-3-45 交通标识夜间效果

（十）发光材料

光是可以发挥想象力、创造氛围的设计元素，建筑设计、室内设计、景观设计都可利用，在标识设计中也很常用。材料、光电、信息等新兴高科技产业的发展，为标识提供了可资利用的更多技术手段，也诞生了更为新奇的视觉效果。

现代标识中常用的发光材料包括荧光粉、自发光线、磷光物体等，尤在交通标识多见（图 4-3-45）。户外标识的发光材料的选用原则应满足：蓄光时间短、受光面积大、发光强度高、余辉时间长；无辐射、无污染；环境适应性强，使用寿命长；表面受光均匀，光洁度好。

（十一）其他材料

由于设计观念转变，材料应用的范畴大大扩展了，例如大自然中各种植物开始被运用到标识设计中，城市与自然又找到一个新的契合点。另外，纸、竹，还有许多过去被人们忽视的材料开始崭露头角，如砖等砌块材料适当设计也可成为别出心裁的标识（图 4-3-46）。甚至各种废弃物也被纳入设计材料成为绿色环保材料，如利用木屑、稻草、废塑料等废弃物生产的塑木复合材料。

例如临时性张贴常用的普通纸标识，此外纸质材料还有瓦楞纸板、蜂窝纸板等材料。瓦楞纸板是可经自然作用分解的木纤维构成的可回收环保型材料，有较好的弹性和延伸性，能被重复利用；蜂窝纸板是根据自然界蜂巢结

图 4-3-46 砌块标识

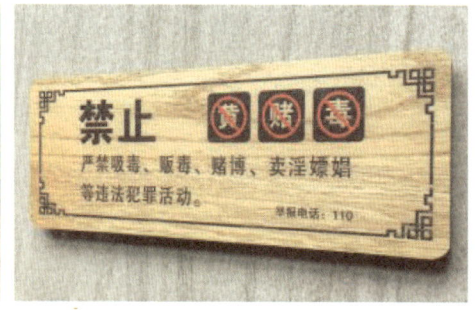

图 4-3-47 竹材标识

构原理，把瓦楞纸黏结成众多空心立体正六边形，形成一种整体受力的新型夹层结构的环保节能材料，它们逐步受到标识设计师们的关注和青睐。

又如竹制标识（图4-3-47），竹材与木材有着相近的性质，但是生长成型却更快，并且一般来说强度略高于木材，尤其是韧性和弹性好于木材；加之竹在中国传统文化中有着高洁美好的寓意，故在标识设计中采用也能创造出一定艺术特色。

第四节　标识设计的发展趋势

标识设计的总体发展趋势可以概括为在愈加科学性、艺术性的同时也愈加人性化和以人为本。基于通用设计的视野来看，城市的无障碍标识环境不仅会考虑弱势群体的特殊使用要求，也会更具包容性和普适性，满足全社会成员的美好生活愿景。

一、标识基于人类工效学的研究不断深化

标识的设计元素众多，为达到向人高效传递信息的目的，诸如图形、文字、色彩、尺度等方面的研究需不断深化。目前很多基于人类工效学的相关研究为设计师提供了众多可用的量化指标用于指导实际工作，而不会再感性地拍脑袋空想各个设计元素该如何设计。

标识的众多设计要素与使用者观察视距关系可参考第3章相关内容，但是标识的尺度值则因具体标识的形状、使用者等而有所不同，不是绝对的。另外，当标识与各种环境要素形成一体、构成动态表现时，就不能片面强调醒目性和趣味性，应该以人的基本生理特性为背景，进行研究探讨。而且，应该根据时间、气候等环境条件灵活设定。

二、标识走向系统性的规划设计

过去标识系统的设计往往由平面设计师完成，甚至是没有设计、由业主随意设置，然而他们中不少人对于标识所处的建筑或景观环境缺乏深入了解和全面考量，导致标识成为一个个割裂的个体，不能为人们提供连续的信息，甚至出现了很多信息误导。

标识具有多种功能，因此与各种功能相吻合的规划布置十分重要。设置以引导为目的的标识时应保持适当的间隔，同时必须注意让使用者能够理解前后之间的衔接和相关性。在规划区域内设置的标识，不应过于注重形式，而应明确标识的定位。而且，引导路线上的标识不仅需要从规划者的角度考虑，还要从中途节点进入退出的使用者的角度来考虑设置，将各个标识整合起来，强化网络之间的联系，使导向标识充分反映所有空间的概况。此外，考虑到使用者的行动条件，最好能将标识与其周围的空间及休息设施等作为一体来考虑。

图 4-4-1
东京女子医科大学医院标识系统

图 4-4-2
东京女子医科大学医院标识系统

不应在环境形成之后再进行标识系统的规划，应尽量站在标识的视点，将环境本身作为标识系统来构筑，期望环境本身就可以作为标识为所有利用者带来易于理解的空间结构和必要的信息。在大型综合设施的规划中，如果将空间的易懂性作为设计的主题来考虑环境的构

图 4-4-3
地铁使用颜色区分的标识

成，那么标识设计与设置将更为系统化，识别更为方便、容易。

在整个标识系统的信息指示中，也需要使用颜色区分表达空间环境领域和层级的区分。一个常见的例子，就是红色标识在国外常常表示禁止进入或使用。国内某些酒店的卫生间采用了红色标识，可能会导致外国游客产生误解。又如地铁的候车区与出站区，就应当用不同的颜色标识提醒人们，避免进入误区。在国外的一些建筑，通过颜色分区扩大到很多方面。例如，东京女子医科大学医院为了提高使用效率、方便患者快速找到和记忆所去的科室位置，标识牌融合墙面在不同楼层、不同科室设计成不同颜色，并且在主要通道都设有明显的标识牌（图4-4-1、图4-4-2），患者可以在大厅很容易地按照不同颜色的指示牌直达电梯口。我国许多城市在建设地铁线路时，也使用了颜色区分不同线路或是交通流线，在复杂的地铁站内，使用者只需按照各条路线所特有的颜色指示标识就可以到达该站台或出口（图4-4-3）。

三、标识设计更为艺术化、多元化

一个良好的标识设计，要使人看了之后，能产生愉快的视觉与深刻的印象，它不仅是功能性的设计，也是一种图形艺术设计。标识设计与其他图形艺术表现方式既有相同之处，又有自己的特性，它对简练、概括、完美的要求十分苛刻，要达到几乎找不到更好的替代方案的程度才算成功，其难度比之其他任何图形艺术设计都要大。

要做到设计的艺术性，应遵循以下原则：设计必须充分调研使用者的环境行为学和心理学特征，掌握相关的设计标准与规范，强调实用性、可实施性；标识的形状、材质、构造、安装位置、高度等设计要素均需考虑周到。还需兼顾模数规格，考虑大量使用、传播时所需放大、缩小的视觉效果；设计要符合使用者接受能力、审美意识、社会心理和禁忌；构思需慎重，力求深刻、巧妙、新颖、独特，表意准确，能经住时间的考验；构图要凝练、美观，表达准确无歧义；图形、符号既要简练、概括，又要讲究艺术性；色彩要简洁、强烈、明晰；遵循艺术规律的同时，在艺术表现手法和形式上要敢于大胆讲求创造性突破，引领设计的时代潮流。

标识设计的多元化包括标识类型、环境和呈现方式的多元化，包括多感官化、简介抽象化、呈现多样化等趋势。如采用多种感官类型的标识设计，不但可以对视觉障碍者、听力障碍者发挥作用，同时，对健全人有时也会成为更加有效的标识。不具备汉语能力的外国人，或者不能充分理解语言的儿童等所能认知的标识，并不是直接采用语言的标识，而是通过颜色、形状、声音、振动及气味等表示的标识。这类为让更多人理解而对五官感知加以灵活运用的综合性标识将成为标识设计的重要方向之一。在发达国家，无障碍标识的设置场所从城市街道、建筑物、广场及纪念碑，到机场、车站、各种设备设施，几乎无处不在。这些标识不但适用于残疾人，也惠及普通健康人群、少年儿童和外国人。当今标识设计的潮流趋向之一是简约化、抽象化，如同当代美术以抽象化作为主要动向之一一般，简洁凝练的图形带给人现代艺术的美感。当代快节奏的生活方式，让简单、抽象的标识更容易被观者记忆于心，简洁化的设计更具有创意性以及形式美感（图 4-4-4）。各种导向标识可以设计成众多的呈现方式，除了常见的悬挂、悬挑与贴壁形式外，还可以镶嵌在地面上，为了强调标识效果，可以设计成平面、立体等多种形式，而且视觉距离适中，使用者可以很舒服地利用它。日本长崎县立美术馆内的视觉形象由日本设计中心原研哉事务所设计，其卫生间标识牌，是用不锈钢做成的一个立体的指向房间的箭头，穿裙子或西装的人站在箭头后面（图 4-4-5），在楼道的很远处就可以看到它，相当醒目，有些指示箭头会随着墙角转过

图 4-4-4　Royal Wilanów 办公楼标识系统

图 4-4-5　日本长崎县立美术馆　图 4-4-6　日本长崎县立美术馆导向标识
卫生间标识

去（图 4-4-6），别具一格。除常见的金属和合成材料之外，建议适当多使用木材、石材，还可以采用一些新型材料制作标识牌，如新出现的纳米材料、膜材料、充气材料，不但极具时代感，还能够自我清洁、维护。

　　标识设计的艺术性也反映在其能够体现地域文化特色。标识在形式和内涵上应力求让普通市民感受到地方特色、民族特色，应该从环境设计的角度来考虑表现地方个性的标识。在旅游地区，有很多标识可以作为一个地方的纪念性作品，这种融入场所精神的主题并饱含地域特色的设计备受人们的青睐。传承饱含历史文化背景名词的由来，保留长期约定俗成的名称也是必不可少的。导向标识不仅仅是表示场所的符号象征，它还是表现、弘扬地域特色的"窗口"。不但地名如此，建筑名称、景点名称也如此，甚至住宅、学校的标识也能够成为点缀城市文化特色的一分子。巴黎号称时尚之都，地铁的入口标识（如图 4-4-7）也非常典雅考究，其设计者是新艺术风格设计大师赫克托·吉玛德（Hector Guimard）。虽然设计建成的年代较早，但直到今天仍然是一个演绎巴黎城市氛围与特色

图 4-4-7　赫克托·吉玛德设计的巴黎
地铁入口标志

图 4-4-8　国家体育场鸟巢的无障碍设施标识　　图 4-4-9　国家体育场鸟巢的卫生间标识

的优秀元素。

标识设计的艺术性还可表现为趣味性。不只是少年儿童会喜欢，在"萌文化"流行的今天，许多的青年人、成年人甚至老年人都已经接受卡通形式可爱的图形设计。北京奥运会国家体育场鸟巢的一些无障碍标识设计已经体现出这样的风格（图 4-4-8、图 4-4-9），趣味盎然、生动活泼，受到男女老少的喜爱。

四、走向互动型设计

设计师与用户的交流互动能够促使产生更实用、更为人性化的设计。一般来说，标识大多是专业设计师学习磨炼多年沉淀积累打造而成的，然而却常常遭到使用者的不满和抱怨。如果从最初构思创想阶段就邀请使用者参与标识设计，讨论设计概念生成乃至全过程，明确设计目的和方向性，才能了解使用者的真实需求，也会激发使用者的热情，创造出他们满意的标识。由于是市民自己"设计"的，对自家"孩子"的珍爱之情自然而然会油然而生，并能够一直呵护珍惜。标识设置之后，可邀请参与者作为观察员提出建议，让标识对地区的环境发挥更大的作用。

这种设计者和用户共同参与的设计理念，以设计服务于所有人、全民易于使用、人见人爱的标识为目标必然能获得成功。只有深入到公众当中，有了用户的充分参与，才能设计出人民心目中真正的完美标识。

第五章

标识和标识系统设计案例与分析

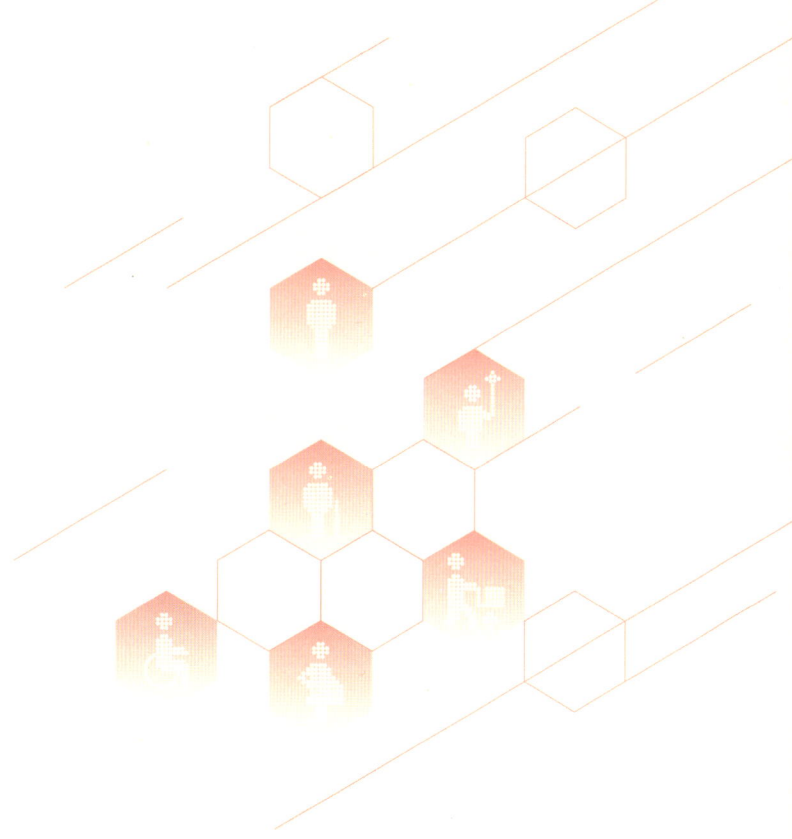

第一节　标识和标识系统设计案例与分析

　　公共建筑由于功能的复杂性带来了标识系统设计的多样化。标识的造型、色彩、引导方式、布置方式、材料类型等均能够实现多种多样、富有特色的设计；但应对公共建筑复杂的空间必须设计出简单便捷的引导标识，方便使用者寻路、找到各类设施，最好是具有很强的连续性和可识别性。如马斯格罗夫公园医院的主要导向是三条由蕨类植物、柳树和樱草创建的小径，在空间中贯穿医院的各个地方，患者追随小径就能找到目标，给予了患者极大的方便，提高了就医的效率（图 5-1-1）。总之，公共建筑空间设计师能够挥洒创意同时满足无障碍需求的标识设计具有无限的可能性和潜力。

图 5-1-1　马斯格罗夫公园医院导向标识

一、梅田医院标识系统

　　梅田医院（图 5-1-2）是一家妇产科医院，日本著名平面设计大师、无

图 5-1-2 梅田医院

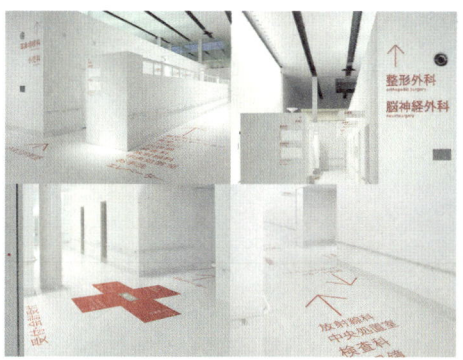

图 5-1-3 引导标识与建筑空间的融合

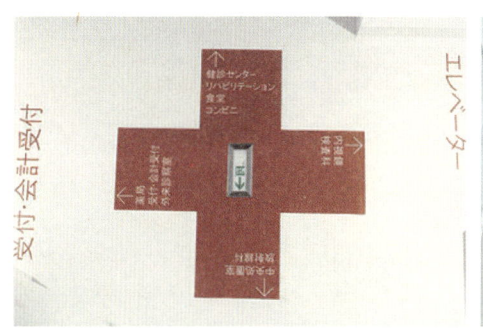

图 5-1-4 醒目的地面引导标识

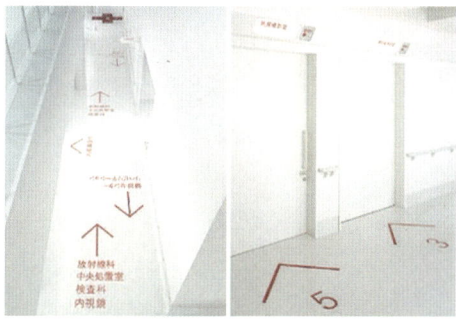

印良品设计总监原研哉为梅田医院设计的标识导视系统，可以说突破了平面设计领域的局限，与建筑大师隈研吾的设计相得益彰，很多引导标识与建筑空间融合得恰到好处（图 5-1-3）。原研哉亦不吝惜使用色彩纯度很高的地面引导标识，非常清晰地为患者指引空间（图 5-1-4），达到了艺术与功能的完美结合。

原研哉这个设计最大的特点就是主要标识别具匠心的材料——白纱棉布，传递出一种织物般柔和的感觉，营造出一种温馨的氛围，反映出日本流行的"治愈系"文化风格，仿佛触摸到人心底最柔软的部分，能够抚平和消除人心中的不安（图 5-1-5）。这种标识的材料也许不耐脏，却是可以洗涤的，十分契合妇产医院的特点。

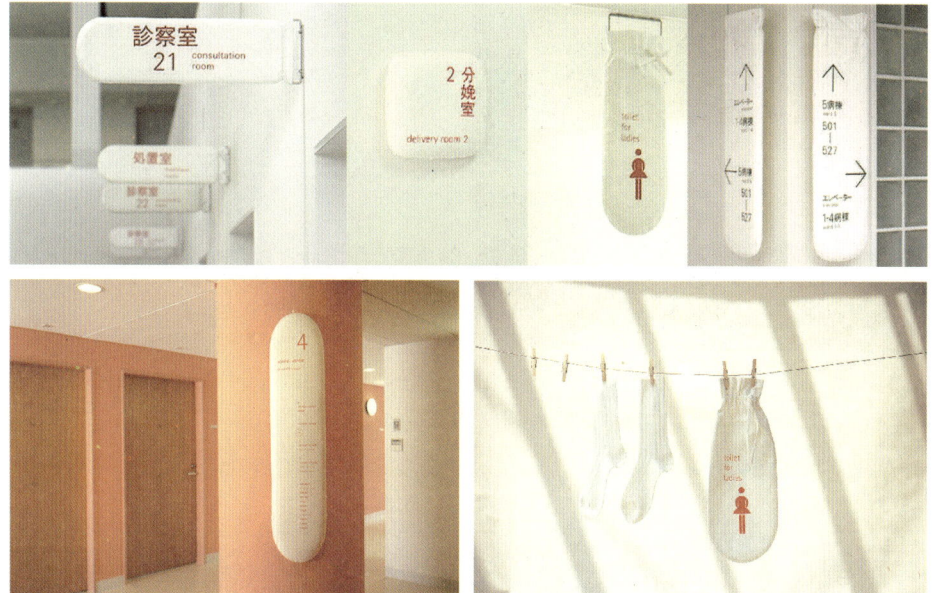

图 5-1-5　棉布材料标识

二、澳大利亚伍伦贡（Wollongong）医院标识系统

像许多医院一样，随着时间的推移，伍伦贡医院原有设施已经不足，需要更多的床位、手术室和重症监护室。新扩建的外科手术大楼可以看到主入口、咨询处以及新增电梯升降机的位置（图 5-1-6）。新建大楼需要一套新的寻路系统来将新扩展与现有的医院联系起来，同时保持不同空间之间的一致性和清晰性。这需要一套可适用于所有新老建筑的颜色、环境图形和标识系统来实现，以使最终的效果比较统一。

伍伦贡位于新南威尔士州东海岸的位置，依偎着茂密的热带雨林山悬崖，被沙滩和海洋所环绕，这启发了色彩选择的灵感。相对于我们国内常见的比较保守的白、蓝、绿色医疗空间色彩，伍伦贡医院扩建使用的棕色、蓝色、橙色和黄色创造出了鲜明独特而令人难忘的空间，而且还能与老建筑现有的色彩和环境相联系。Anne Gordon Design 设计团队决定深化这一主题，并设计了环境图形来轻松识别人流入口和不同的电梯大堂（图 5-1-7、图 5-1-8）。

用棱角分明的线条绘制医院的墙壁，突破了传统使用黑白相间的挂板。电梯门周围的大片白墙非常适合使用大胆而强烈的色彩。设计师希望他们能

图 5-1-6　伍伦贡医院入口

图 5-1-7
伍伦贡医院的整体空间导视

图 5-1-9
伍伦贡医院的急诊标识

图 5-1-8
伍伦贡医院的导诊台

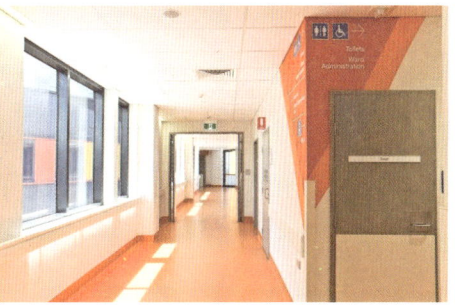

图 5-1-10
伍伦贡医院的走廊标识

图 5-1-11
伍伦贡医院各层
电梯厅的标识

够为医院用户留下深刻的印象，并强化每个电梯大堂作为地标性的位置。墙壁上显眼的形状平衡了白色的空间（图 5-1-9、图 5-1-10）。电梯门是用 CMYK 印刷的乙烯基材料制成的，以符合涂料规格。设计师在保持颜色鲜明的同时必须确保字体的易读性。

在电梯厅这个核心交通空间，为了使每层都容易找到相应的科室，墙面的标识系统使用了不同的颜色体系来区分，并与一楼大厅的整体导视牌相呼应，也让人印象深刻、非常容易记住每层的功能（图 5-1-11）。

三、伦敦大奥蒙德街儿童医院标识系统

儿童医院标识系统的设计必须考虑孩子的心理，做成卡通可爱的形象是一种合理的设计思路。伦敦大奥蒙德街儿童医院（图 5-1-12）为不同空间科室设计了动物的图形，可以在一定程度上消解儿童对医院的恐惧和不安心理（图 5-1-13、图 5-1-14）。设计师在最初设计方案时就没有将标识作为空间的附属品，而是将其与建筑空间作为整合的系统来考虑（图 5-1-15）。建成后的效果虽然色彩与图形比较丰富，但并没有过于花哨喧闹，作为医疗空间仍然比较节制（图 5-1-16）。

图 5-1-12　大奥蒙德街儿童医院入口

图 5-1-14
大奥蒙德街儿童医院的建筑
空间标识效果

图 5-1-13
大奥蒙德街儿童医院的各种动物图形标识

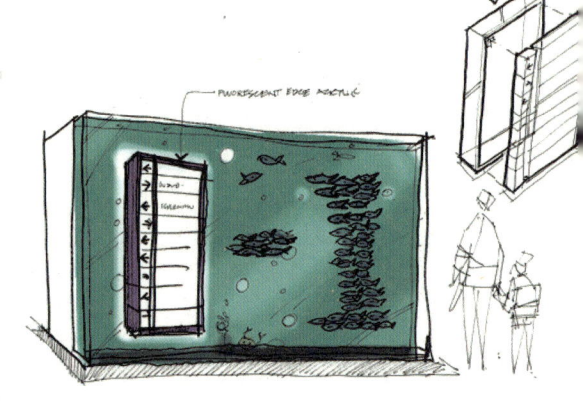

图 5-1-15
大奥蒙德街儿童医院的
标识设计手稿

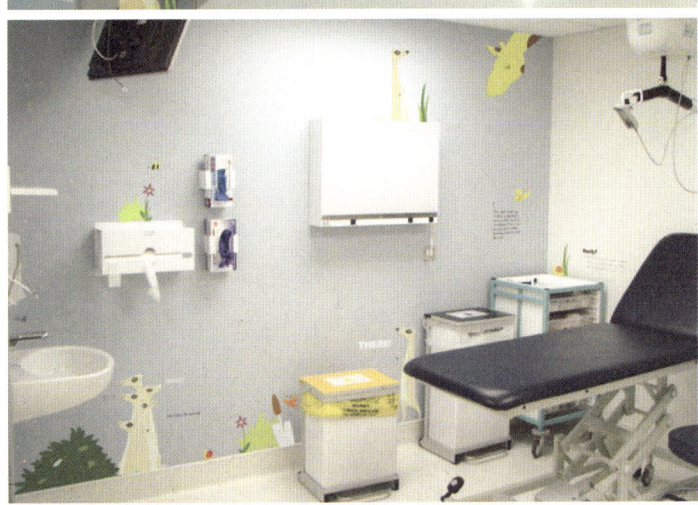

图 5-1-16
大奥蒙德街儿童医院的
室内实景

四、草间弥生博物馆视觉标识

草间弥生博物馆由日本前卫艺术家草间弥生创立，位于东京新宿区（图5-1-17、图5-1-18）。旨在传播和弘扬草间的艺术，展示她的作品和相关资料，为艺术的发展作出贡献。日本设计中心（NDC）的色部义昭（YOSHIAKI IROBE）受邀为博物馆设计了形象和标识系统。

草间弥生素有"波点女王"之称，她具有代表性的波点元素作为辅助图形，被设计师巧妙地运用到设计之中。波点元素持续运用到场馆的信封、手提袋、T恤中，每一件物料都仿佛出自草间弥生本人之手所打造的艺术品（图5-1-19）。

色部义昭将草间弥生本人的亲笔签名提取出来用于LOGO的设计（图5-1-20），通过视觉形象、物料、导视、宣传册的一系列延展，旨在将艺术家

图 5-1-17
草间弥生博物馆

图 5-1-18　草间弥生博物馆入口

图 5-1-19　草间弥生博物馆的物料设计

图 5-1-20
草间弥生的签名

作品和观念更好地传递给粉丝。标识提取了签名中的字体，使用简洁明了的图形语言（图 5-1-21、图 5-1-22、图 5-1-23、图 5-1-24）。博物馆为简洁的单向游览路线，导向标识的图文设计同样风格简洁（图 5-1-25），以便游客能够直观地了解参观流线，并在博物馆中明确而又流畅地行进。低调的白色建筑结合巧妙放置的标识，不做多余的诠释，衬托出作品的美，旨在让游客切身感受到艺术家的精神世界。

图 5-1-21　草间弥生博物馆的服务台

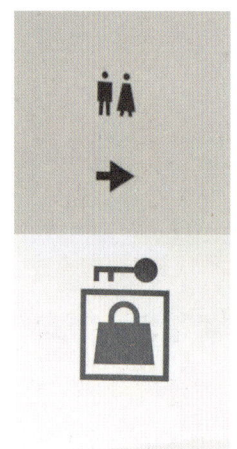

图 5-1-22
草间弥生博物馆的卫生间、储物柜标识

图 5-1-23　草间弥生博物馆的电梯导向标识

图 5-1-24　草间弥生博物馆的展厅墙面标识

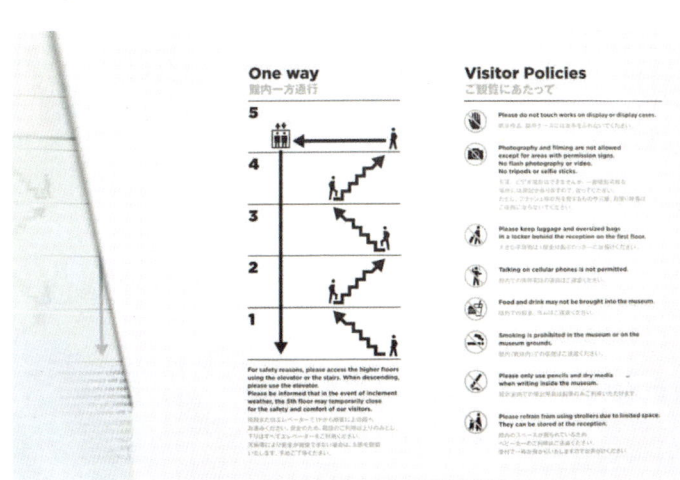

图 5-1-25　草间弥生博物馆的流线引导标识

五、波兰蒂黑双子座公园购物中心

双子座公园是位于波兰蒂黑市的最新的购物中心。虽然内部属于商业性空间，但通过家具的选择以及明亮的天然材料，整体给人温暖而友善的感觉。Blank Studio 受邀为其设计一套与内部氛围相适应的标识系统。

设计师以独特的象形图形开发了整个系统的图形语言，搭配多种明快的色彩（图 5-1-26）和精心挑选的字体，这些元素的结合有助于创造一种令人愉快的购物体验。重点对内部购物通道、楼电梯以及停车场和购物中心周边外部区域的标识牌进行设计（图 5-1-27、图 5-1-28、图 5-1-29），标识系统整体仿佛就像室内设计的一个有机组成部分，任何年龄段的人都能得到清晰可辨的指引帮助，实现信息与环境设计相结合。

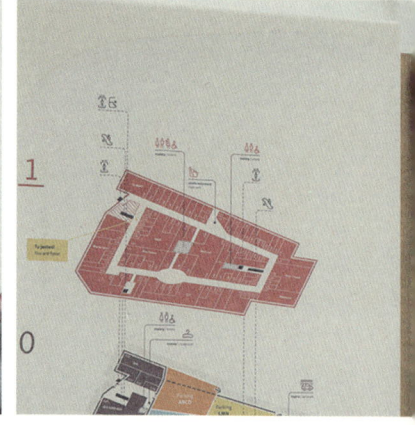

图 5-1-26
蒂黑双子座公园购物中心的标识系统
基本图形与色彩体系

图 5-1-27
蒂黑双子座公园购物中心的通道导向标识

图 5-1-28　蒂黑双子座公园购物中心的卫生间标识

图 5-1-29　蒂黑双子座公园购物中心的停车场导向标识

图 5-1-30　Coppel& Piekarski 家族残疾休养中心入口

六、Coppel & Piekarski 家族残疾休养中心

考菲尔德（Caulfield）Coppel & Piekarski 家族残疾休养中心曾获得 2017 年澳大利亚"建筑设计奖"，该建筑仅有一层，但建筑、室内和景观的设计都极具匠心、富有魅力（图 5-1-30、图 5-1-31、图 5-1-32、图 5-1-33）。该设施融合了休养、康复和社区参与功能，为患有各种残疾的儿童和成人提供短期住宿和照料，共有 5 个儿童床位和 5 个成人床位，旨在让他们提高能力、建立信心和尝试更独立的生活方式。该中心位于考菲尔德，坐落在维多利亚犹太社区的中心，是一个温暖、关怀和健康的美丽空间。

BüroNorth 以创造一个既能提供临床医疗服务，又令人倍感舒适的空间为目标进行标识系统设计。

图 5-1-31　Coppel & Piekarski 家族残疾休养中心建筑入口

图 5-1-32
Coppel & Piekarski 家族残疾休养中心庭园

图 5-1-33
Coppel & Piekarski 家族残疾休养中心入口室内

图 5-1-34
Coppel & Piekarski 家族残疾休养
中心入口导向标识

图 5-1-35
Coppel & Piekarski 家族
残疾休养中心建筑
入口墙面标识

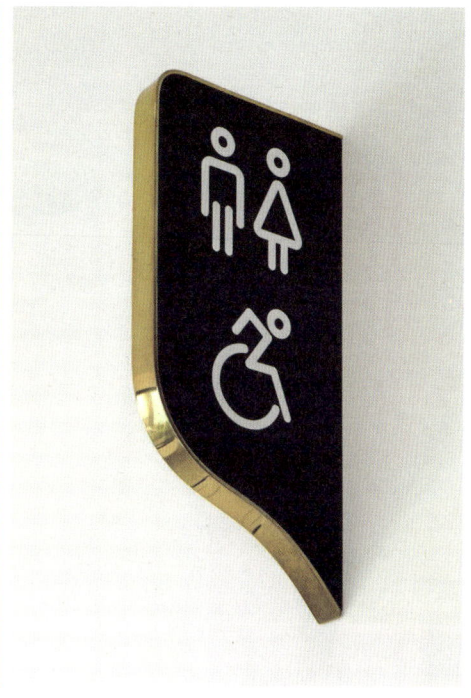

图 5-1-36
Coppel & Piekarski 家族残疾休养中心卫生间标识

园区和建筑入口均设计了高对比色的醒目标识（图
5-1-34、图 5-1-35）。通过运用室内设计色彩和形
式语言，设计了一种干净、清晰、流畅的标识风格
（图 5-1-36、图 5-1-37）。简单的设计让人感到亲
切，为各种需求的患者创造了一个平静、放松的环
境。此外，设计师还创建了一个能够持续扩展的捐
助者记录与展示系统，将复杂的信息设计为令人愉
悦的雕塑形式（图 5-1-38），有助于为该建筑设施
创造一个有特色的环境空间。

图 5-1-37
Coppel & Piekarski 家族残疾休养中心
室内导向标识

图 5-1-38
Coppel & Piekarski 家族残疾休养中心
捐助人纪念雕塑

七、日本高知县图书馆标识系统设计

日本高知县图书馆拥有丰富的书籍资源，具有开放式书架浏览空间、提供文档信息、支持城市学校的培训计划等功能，旨在提供一个充实的知识宝库，增加民众的便利性，促进公民对不同文化的理解（图 5-1-39）。宇治设计（UJI Design）受邀为其进行标识系统设计。

图 5-1-39　高知县图书馆服务台

由于图书馆图书种类繁多，宇治设计设计了别具一格的支架标牌，使用不同颜色钢制立牌式支架标识（图 5-1-40），按照图书分类将书架进行详细的分区，使人一目了然，方便人们快速寻找，并且在总体建筑平面图导向标识按颜色进行了分区标注（图 5-1-41）。在书架的侧面使用白色的导视板，镂刻了树叶的形状，数字标识使用清新的颜色（图 5-1-42），营造了一个舒

图 5-1-40
高知县图书馆立牌式
图书分区标识

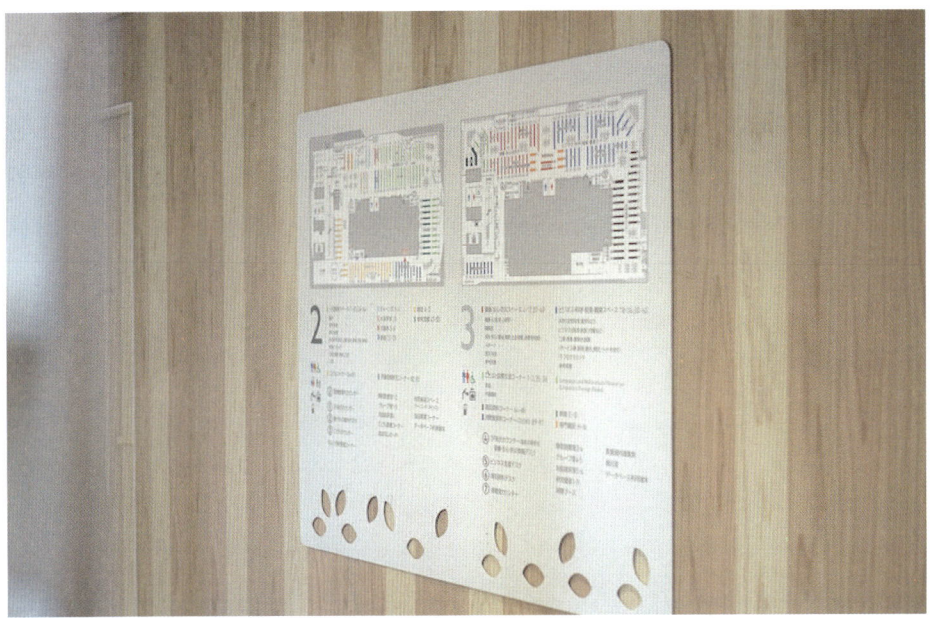

图 5-1-41
高知县图书馆总体平面图导向标识

图 5-1-42
书架侧面的图书分区标识

图 5-1-43
高知县图书馆交通设施和卫生间标识

适的阅读环境。卫生间、无障碍卫生间的标识同样设计为不同色彩的图形，容易辨识、简洁干净（图 5-1-43）。

八、日本福冈县 Abeyama 养老院标识系统设计

Abeyama 养老院位于日本福冈县九州市，专门提供功能训练、健康沙龙、终端护理和腹膜透析等护理项目，旨在让生活幸福的人寿命更长，宣传积极的生活态度。UMA Design 受邀为其进行标识系统设计。

UMA Design 设计了传统书法风格的 Logo（图 5-1-44），符合养老院的特质，设计十分圆润，使用温和的淡棕色与简明的黑色，使整体环境十分和谐温暖。Logo 与陶瓷艺术家 Masaaki Nishimura 合作设计，陶瓷材质使其更富有韵味（图 5-1-45）。

图 5-1-44
Abeyama 养老院入口

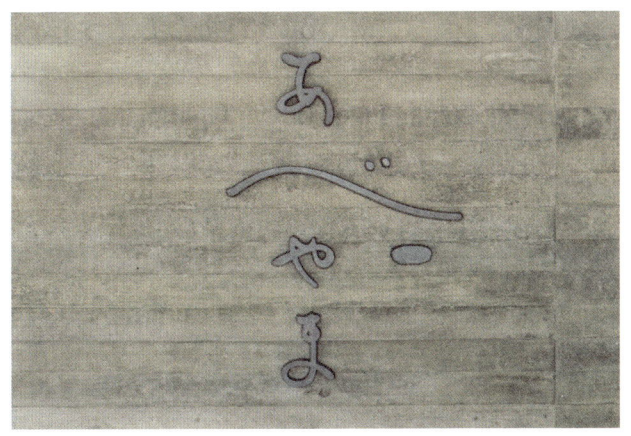

图 5-1-45
Abeyama 养老院入口 Logo

UMA Design 与陶瓷艺术家还合作设计制作了房号标识，除了材质，更有功能上的精心考量。这种立体凸起的字体，使得视力不好的老人可以通过触摸识别房号（图 5-1-46）；尤其特别的是，房间号码设计呈略微倾斜状，以便使用轮椅的老人更容易观看识别（图 5-1-47）。

养老院的交通空间使用了高对比色导向标识，简洁醒目（图 5-1-48），对卫生间、洗衣房、浴室等各个功能房间的指向也一目了然（图 5-1-49）。因为是养老院，所以采用了多功能卫生间配置，除了常规无障碍卫生间，还有人工器官相关设施（身体中有"+"的人形图形标识），甚至还包括了婴儿设施（图 5-1-50）。浴室门上还附带了是否正在使用的标识（图 5-1-51）。

图 5-1-46
房号标识的位置

图 5-1-47
略倾斜的陶瓷房号标识

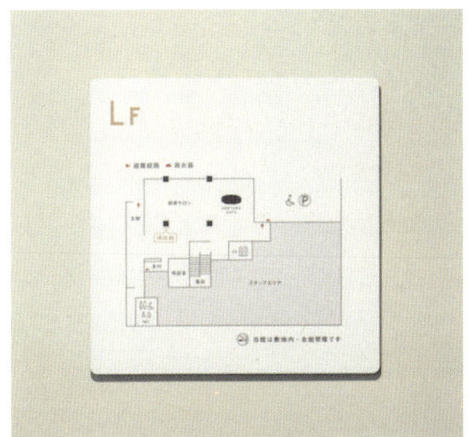

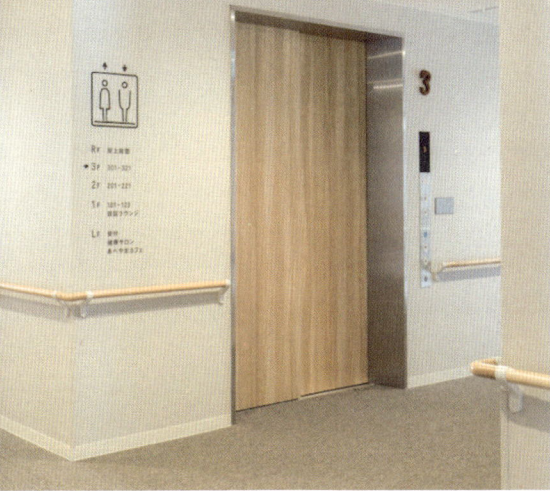

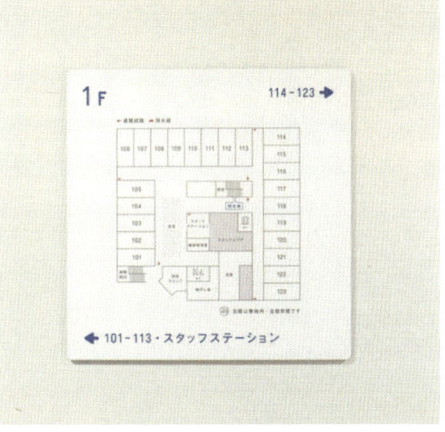

图 5-1-48
Abeyama 养老院交通空间导向标识

图 5-1-49　Abeyama 养老院功能房间引导标识　　图 5-1-50　Abeyama 养老院多功能卫生间标识

图 5-1-51　Abeyama 养老院浴室使用状况标识

第二节　公园、旅游区环境中的无障碍标识

公园是人们进行户外活动、游憩、娱乐、修身养性的重要公共场所，公园中的无障碍设计也受到了广泛的关注，无障碍标识的设计方法也在不断推进。以下汇总了一些较为成功的无障碍公园设计及无障碍标识设计案例，分别运用不同的方法来满足无障碍的需求，值得认真研究与学习。

广州越秀公园园路上共设有 10 处无障碍标识牌，指明无障碍路线方向。但是标识牌偏低，位于绿化带中，不易于特殊群体识别（图 5-2-1）。在绿化带中安置标识牌时最好是在草坪上，避开低矮的灌木，若必须要设置则需考虑植物的遮挡和生长。

图 5-2-1
广州越秀公园无障碍坡道标识

在公园里当厕所位置较为隐蔽时，比如在小路的尽头，需要在主路或小路的入口处也设置标识（图5-2-2）。

图5-2-2　广州珠江公园洗手间无障碍标识

荔湾公园花室入口坡道、展馆入口坡道处的无障碍标识图形尺寸过小（图5-2-3、图5-2-4）。

图5-2-3
荔湾公园花室入口坡道

图5-2-4
荔湾公园展馆入口坡道

　　标识牌的材质不能采用金属材质，容易反光，且与图形的色彩对比不强，看不清楚（图5-2-5）。而且自行车禁止入内的信息相对无障碍标识来讲是次要信息，应加大标识图形的尺寸，减小自行车禁止入内图形的尺寸。注意信息主次，分级处理。

图 5-2-5
天津某公园标识牌

一、广州天河公园

　　天河公园无障碍标识随处可见，在公园出入口坡道处、无障碍停车位处、公厕入口处、无障碍轮专用座椅处以及在园区路面上都设置了无障碍标志，能够满足特殊群体在公园中无障碍通行的需求，其中沿着园路设置了 15 处无障碍标志牌，在园路路面上标记了 25 处无障碍标志，指引特殊群体顺畅通行，色彩均统一为蓝和白色，图案一致，标识牌尺寸合理，因此具有很好的辨识性和连续性。另外，标识牌高度合理，在进入空间的地面上也画有无障碍标识（图 5-2-6、5-2-7、5-2-8），无障碍厕所入口有清晰的无障碍标志牌。在天河公园南门进去约 30 米的位置的花坛旁边设置有安全扶手，扶手两端都镌刻了盲文，盲人可通过触摸盲文知道自身所处具体位置，而扶手与扶手之间则用盲道相连，方便盲人借助这些无障碍设施在公园实现无障碍通行（图 5-2-9）。

图 5-2-6
天河公园广场入口标识

图 5-2-7　图 5-2-8
天河公园园路无障碍标识

图 5-2-9
天河公园镌刻了盲文标识的扶手

二、大阪大泉感官公园

城市公园是人们进行户外活动、游憩、娱乐、修身养性的场所，其设计必须满足老年人、残疾人及儿童的各种基本需求，从通识设计出发，以满足各类人群的需求，也是无障碍设计的发展趋势。大阪大泉感官公园作为一个经典案例，其设计思路与设计手法值得分析和借鉴。

（一）背景

这个位于日本大阪府堺市的大泉公园最初是一个"盲人花园"，于1974年开放，是为有视觉障碍的人而设计的。盲人体验区设置在公园一角，并且与视力正常的游客的游览区分隔开。建成后这个公园游客稀少，多年都处于冷清的状态。

设计者改造时保留了花园最初的一些内容，比如种植色彩有鲜明对比的苗圃，可以近距离感受气味和容易触摸的空间。公园的中心设置了景观湖，各种感官体验与水元素融合，对所有人都是富有吸引力的地方。

（二）设计特点

在真正进入花园之前，游客们首先透过篱笆上的圆窗可以一窥花园的内部（图5-2-10），并在脑海中勾勒出一幅花园的图画，吸引人们步入公园。这个公园面积很小，几乎所有的游客都可以在一次参观中体验到其中的关键元素，而不需要走很远的路。

从入口门开始，大门的设计运用了孩子、狗、树和鸟的触觉图像，邀请所有游客观看和触摸这些形体（图5-2-11）。

图 5-2-10　篱笆上的圆形窗　　　　　图 5-2-11　入口大门上的图形

图 5-2-12
入口处的浮雕墙与盲文扶手

图 5-2-13
入口处多功能标识牌

（三）游览信息和路线探寻

公园入口墙上的瓷砖浮雕和一个传统形式的扶手背面的盲文提供了花园中植物的识别信息（图 5-2-12）。墙壁融合了装饰性与可触感的瓷砖浮雕，描述了在花园里栽种的植物（图 5-2-12）。浮雕砖的顶部大约有 1.5 米高，可以让低视力的人近距离观察，也可以触摸。一个坐在轮椅上的人，可以到达瓷砖浮雕的下部。盲文标识被放置在沿入口墙的扶手背面并且对于身材较矮的游客，也可以使用较低的扶手。

入口处的标识牌用盲文提供信息，配有文字、触觉地图和按键音频系统，使所有的游客都可以了解公园的布局。并且标识牌的基座设置凹槽，信息板前低后高，乘坐轮椅和使用滑板车的人可以足够靠近，并可与站立的参观者同时查看信息（图 5-2-13）。

精心放置的柱子上有色彩鲜艳的装饰物和棋盘图案，清晰地表明了道路和方向（图 5-2-14）。从入口开始在步行面上嵌入了一排扁平的不锈钢栏杆，一直延伸到整个花园，成为路线的导引。地面利用有明显纹理区别的材料来划分区域以方便找到有语音或文字介绍的位置，从而能够听到或阅读到更多的内容。随着表面材料变化的路径可以识别花园的不同部分，为游客提供额外的导航线索。

图 5-2-14
设有多种路线和方向指引的
辅助系统和放置突出的
装饰性柱子的入口

（四）体验

花园长椅被放置在路边花坛的凹槽里，可以让游客停下休息或感受观赏植物，座椅旁边留出了足够空间的轮椅座位，同样的空间也可以用来容纳婴儿车。长椅有侧扶手和中间扶手，为坐着或站起来提供必要的额外支撑并且在侧面留出足够的轮椅空间方便停留（图 5-2-15）。

图 5-2-15
花坛中间凹槽处有长椅和
轮椅停留空间

图 5-2-16
抬高的水面给人更多的
空间体验

图 5-2-17
池塘水面高度让所有游客
都能体验

种植层的高度从 0.3 m 到 0.8 m 不等，可以直接进入，不但最大限度地减少站立的参观者需要的弯腰动作，也让坐着的参观者可以靠得更近。花朵和植物有意识地选择对比鲜明的色彩，为低视力的游客提供观赏乐趣。

每隔一段距离，抬高的植物床的边沿就会变宽，为人们提供更多坐下的机会。边沿高度与轮椅座位高度相等，方便坐轮椅的游客移坐到花床的边沿近距离地观赏花草。

抬高的池塘水面给人更多空间体验，从远处看仿佛身处水中一般（图 5-2-16）。水池和水面的高度让所有游客都能很容易地享受到与水和水生植物接触的多种感官体验，而无须下蹲、弯腰（图 5-2-17）。

雕塑的高度设置在一个最佳范围内，所有参观者都可以轻松地触摸欣赏雕塑，包括站着或坐着的游客、儿童或身材矮小的人（图 5-2-18）。雕塑经过精心的设计可以安全地触摸并且为进一步识别提供了触觉标识和音频注释。

图 5-2-18
雕塑的高度便于所有人欣赏

（五）总结

大泉感官公园通过视觉、听觉、嗅觉和触觉吸引着人们去探索。公园的主旨是促进包容，增加普遍的特征，为所有游客提供娱乐机会和多样性的感官体验，丰富每个人在公园里的体验，真正享受到"平等、参与、共享"的游览体验。

三、库克县森林保护区

2013 年，美国伊利诺伊州库克县的森林保护区在 100 周年纪念之前进行了修缮。在过去的十年里，这里有一个深受人们喜爱的地方，大家称之为小红校舍（Little Red Schoolhouse），这里在过去的几十年来一直是一个对外开放的自然中心，但却一直缺少无障碍的户外标识（图 5-2-19）。这个花园经常有大量的以家庭和学校为团体的游客，也是团队拓展学习最喜欢的一站。为了解决其中的问题，公园邀请 Pulse Design 来设计一种新的标识系统，让无论是来学习知识的人们还是有语言等障碍的游客都可以使用（图 5-2-20）。

图 5-2-19
库克县森林保护区的普通导向标识

图 5-2-20
残疾人尺度的小标识牌

图 5-2-21 包括触摸、盲文、手语、两种语言等信息的标识牌

图 5-2-22 黑颜色的地方是标识凸起可触摸的位置

Pulse Design 与 Hitchcock Design Group 合作。Hitchcock Design Group 设计了残疾人可进入的平坦道路；Pulse Design 开发了将游客与花园连接起来的解释性内容，修复了草地和湖泊的景观。

为了解决这里面临的无障碍问题，他们设计了一系列共13个较小的标志（图 5-2-21）。每个标志都有一个闪存卡式的设计，上面有一张大大的凸起的照片，提供图形的触感和盲文，以及西班牙语和波兰语的语言翻译（图 5-2-22）。还提供了一个自定义的手语插图，为非语言学习者和聋哑人学习提供用手语的机会（图 5-2-23）。Pulse Design 的 Mary Chiz 说："看到从最小的孩子到青少年，每个人都从一个标识跑到另一个标识，触摸图形，尝试手语动作，这真是太棒了。"LRSH 的经理朱莉·范德沃特（Julie Vandervort）补充道："游客们非常喜欢这些标识，也喜欢这个新花园。"

图 5-2-23
每个标识牌都加入了
手语动作

图 5-2-24
FINNA 民间艺术广场的标识

图 5-2-25
具有盲文和触摸地图的标识牌

图 5-2-26
标识牌设立在道路边缘并在
地面纹理上提示，也符合轮
椅使用者的高度要求

四、路易威尔滨水公园

路易威尔滨水公园的标识主要是帮助有视觉障碍的游客并为他们提供导航以提升他们在公园体验（图 5-2-24）。每个标志包括凸起的字母、盲文翻译和触觉地图（图 5-2-25、图 5-2-26）。这些标识位于人行道的边缘上，具有纹理状的衬垫地面，它提供了一种暗示，某种有趣的东西就在那里。这些标识牌设置在以下位置：

（1）路易维尔游艇中心。

（2）BIG FOUR BRIDGE 入口。

（3）FINNA 雕塑公园。

（4）林肯纪念公园。

（5）两个有地图的标识牌，一个设置在 BIG FOUR BRIDGE 的河滨路，一个设置在 Witherspoon & Bingham Way 的广场上。

（6）BIG FOUR BRIDGE 下端的越战纪念碑。

这些标识一部分是由阿瑟·H. 基尼（Arthur H. Keeney）眼科基金提供，该基金支持研究和应用，帮助减缓眼疾和帮助视力受损患者的项目进展。该基金是从亚瑟·基尼博士的一位感恩的病人的遗赠开始的，而其他则是多年来大家捐赠的。基尼博士是眼科医生、路易斯维尔眼科大学的主席、路易斯维尔医学院的院长。基尼的儿子、作家 Doug Keeney 和妻子 Virginia tkeeney 是 Keeney 基金的受托人。在他们周游世界的旅途中，基尼夫妇看到了一些很好的路标，他们认为路易斯维尔需要这样一个项目。

市中心的"狮子俱乐部"也为公园的两个地图标识提供了资金。狮子俱乐部的使命是通过帮助视力障碍人士、增进儿童和成人的健康，并通过青少年和领导人才培养计划激发下一代的能动性，以满足当地社区的独特需要。

五、上海迪士尼乐园标识系统

上海迪士尼乐园，是中国内地首座迪士尼主题乐园，位于上海市浦东新区。乐园拥有七大主题园区，并有许多全球首发游乐项目。美国著名标识设计公司 CREO 负责华特迪士尼幻想工程（Walt Disney Imagineering）公司在上海迪士尼乐园的标识系统设计。

　　CREO 公司的工作主要集中在幻想世界主题元素上，为幻想世界城堡、爱丽丝梦游仙境、白雪公主过山车以及公园内的许多食品零售场所提供招牌设计和环境导视设计。针对不同的主题设计了各具特色的主题招牌标识，造型和色彩搭配十分梦幻多彩（图 5-2-27）。标牌设计的语言结合英文和中文，字体设计具有奇幻感。CREO 还为该项目标识制作提供了全系列的玻璃纤维材料制造技术，并使用了雕刻工艺。园中有关无障碍设施和功能引导的标识也都设计为具有奇幻色彩的风格，与环境融为一体（图 5-2-28、图 5-2-29）。

图 5-2-27
上海迪士尼乐园的主题标识

图 5-2-28 上海迪士尼乐园的功能性引导标识

图 5-2-29 上海迪士尼乐园的无障碍标识

第三节　文化遗产环境中的无障碍标识

　　这里的世界文化遗产主要指的是物质文化遗产，文化遗产是人类文明的瑰宝，每年世界各地的游客涌向这些著名的世界文化遗产，体验和欣赏文化遗产的历史与辉煌。然而世界文化遗产中的遗址或遗产建筑由于其结构特征、材料、空间的独特性，在遗产的可进入性和保护之间必须作出一定的权衡，经过细致的规划、详细的咨询和良好的设计来设置有效的无障碍设施，规划合理的游览路线，设置明确的世界标准化的无障碍标识。如何在保护遗产的同时，建立合理的无障碍可达性仍然是值得探讨的问题。

一、清水寺

　　清水寺位于京都东部音羽山的山腰，始建于 778 年，是京都最古老的寺院，曾数次被烧毁并重建，后于 1994 年被列入世界文化遗产名录。作为京都的必游之地，每年都有大量的游客从世界各地来到这里，其中也有不少残障人士和老年游客。作为世界文化遗产，清水寺使用的标识都是国际共识的无障碍标识，从轮椅坡道到无障碍卫生间等都设计得十分细致合理。最重要的是清水寺为行动障碍者提供了无障碍的游览路线，有明确的总平面导览图标识引导游客，保证游览的全程无障碍（图 5-3-1、图 5-3-2）。除了常见的立牌式导向标识、无障碍设施标识，为了方便乘轮椅者寻路，还专门设置了地面式无障碍导向路线标识（图 5-3-3、图 5-3-4）。

二、罗马浴场

　　英国曼彻斯特附近的巴斯小镇的罗马浴场（Roman Baths & Pump Room）属于巴斯世界文化遗产的一部分，现今的罗马浴场仍保有罗马时期的原貌，不断有温泉涌出，而且每天出水量超过 2000000 L。其中最大的 Great Bath 是

图 5-3-1
无障碍道路引导标识

图 5-3-2
无障碍游览路线图

图 5-3-3
无障碍坡道标识

图 5-3-4
无障碍路线引导标识

古罗马时代最大的浴池。现在因为温泉的铁含量太高，已不宜入浴，但其优美的建筑及回廊仍非常值得欣赏。其无障碍设计游览线路可以说是非常流畅，尽管博物馆与浴场处于不同高度，但是无障碍设施齐全、相关导向标识非常清晰，轮椅使用者也可以轻松游览（图5-3-5、图5-3-6、图5-3-7、图5-3-8）。此外博物馆还考虑了多类障碍人群的需求：针对视觉障碍人士设置了盲文触觉地图和可触摸建筑模型，可体验遗产建筑的空间艺术（图5-3-9、图5-3-10）；服务台有听觉障碍服务标识（图5-3-11），针对语言听觉障碍以及视觉障碍人士提供了语音导览器，并能播放手语视频介绍（图5-3-12）。

图 5-3-5
无障碍游览标识

图 5-3-6
无障碍通道

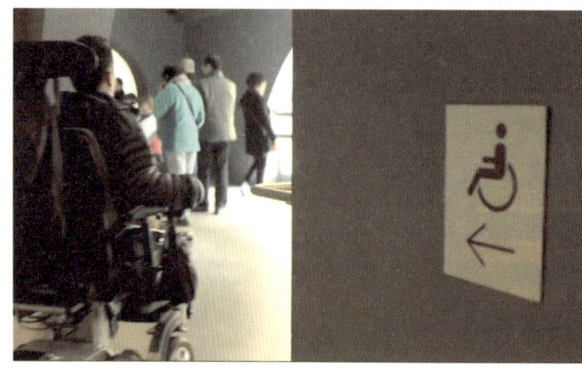

图 5-3-7
无障碍引导标识

图 5-3-8
无障碍电梯标识

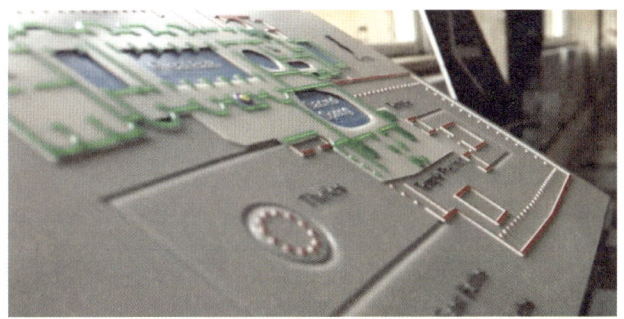

图 5-3-9
触觉地图标识牌

图 5-3-10
可触摸雕塑

图 5-3-11
服务台听觉障碍标识

图 5-3-12
语音导览器和手语视频

三、德国莱茵兰省普法尔茨州城堡遗迹标识系统

该城堡位于德国莱茵兰省普法尔茨州，遗迹包括了完整的的城堡、宫殿和古物。Adlerschmidt kommunikations design 和 Meuser Architekten 担任了标识系统设计师。

设计师认为历史建筑应该摆脱多余的线索，维持原有的状态。因此在选择信息载体时，设计采用传统材料，如织物、石头和青铜，构造形式和工艺则用旗帜、横幅和雕刻（图5-3-13、图5-3-14、图5-3-15）。整体导视系统十分友好，清晰的图形设计形成了独特的视觉效果，最大程度地用不同的信息传达方式来取代通常的标牌，形式新颖，效果丰富。

特别的是，多处标志性的触觉地图标识由精细混凝土铸造而成，并配有

图5-3-13　普法尔茨州城堡遗迹的青铜标识

图5-3-14　普法尔茨州城堡遗迹的导向标识

图 5-3-15
普法尔茨州城堡遗迹的旗帜标识

图 5-3-16　普法尔茨州城堡遗迹的触觉地图和可触摸建筑模型

由青铜制成的风格化建筑模型，使历史设施变得切实可见，盲人也可以通过盲文和触摸模型来感受（图 5-3-16）。

整体标识系统的图形设计采用了现代简洁风格，却并不与历史遗迹氛围相冲突（图 5-3-17）。游览手册也清晰标出了无障碍设施的位置与路线（图 5-3-18）。

图 5-3-17 普法尔茨州城堡遗迹的标识系统图形符号方案

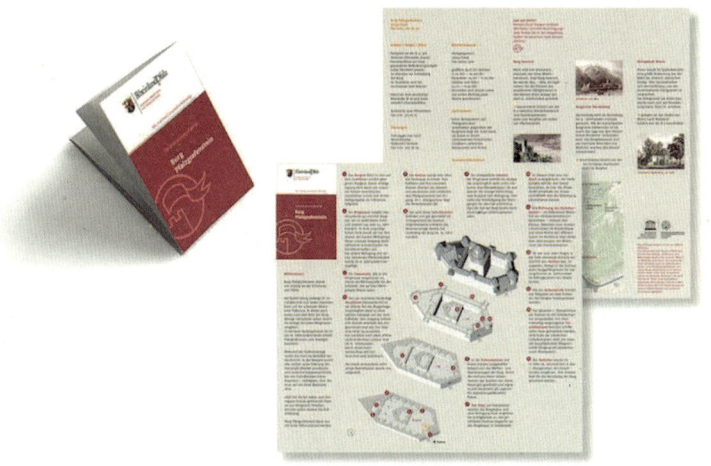

图 5-3-18 普法尔茨州城堡遗迹的游览手册

第四节 城市环境（街道、广场、交通工具）

一、街道

无障碍标识牌设置的位置和高度应合理，及时引导使用者进入及转换不同类型的室外区域空间，同时标识上应考虑到信息的主次，进行分级处理。如洛杉矶拥有 100 年历史的 ROW DTLA 艺术街区，是仓储建筑改造为创意办公和商业空间，其标识系统设计得非常出色，循着街角建筑的拐角处标识组织了三种不同的导航层，包括立体的总平面图，按餐饮、居住、商业分类的导引，以及方向指引，来往的人可选择最自然的方式定位寻路（图 5-4-1）。整体设计信息层次清晰、导向方式多样，兼具艺术性和功能性。

又如北京复兴门外和西单处的无障碍标识尺寸最大，禁止机动车和自行

图 5-4-1
洛杉矶
ROW DTLA
街区标识

车通行的标识面积大小都约为前者面积的 1/4，由此清晰地突出重要信息。无障碍标识牌信息完全由图形构成，图形的尺寸大小合理，在街道上具有高度的醒目性（图 5-4-2）。

（一）北海道公共地下街

日本北海道札幌市公共地下街步道的无障碍标识根据流线进行了整体的规划。地下街步道标识连续地、系统地、完整地贯通整个地下街通道。从地面入口处开始就设置醒目、清晰的标识，可以将人顺畅地导向目的地。入口无障碍标识尺寸较大，醒目清晰，明确地引导人们从地面街道进入公共地下街步道（图 5-4-3）。

从标识的类型来看，地下街步道标识系统以多种形式和方式出现。公共地下街步道的服务处采用悬挂式标识（图 5-4-4），向左的箭头示意无障碍卫

图 5-4-2　人行过街天桥与过街地道

图 5-4-3　公共地下街入口　　　　图 5-4-4　公共地下街步道的服务台悬挂式标识

图 5-4-5
与行进方向垂直的
悬挂式标识

图 5-4-6
贴膜地面导向标识

图 5-4-7
贴膜地面导向标识

图 5-4-8
不同颜色石材地面导向标识

图 5-4-9
十字交叉处的悬挂标识与地面数字标识

生间向左行，墙面上的标识也同时标示卫生间的方向位置。与行进方向垂直
的悬挂式标识（图 5-4-5）。向上的箭头示意无障碍卫生间向前行，同时墙
面上也有标识信息。除此以外，地下街步道标识系统中还有地面上的标识方
式。地面标识也根据具体情况分为几类。有地面上贴膜形式的（图 5-4-6、
图 5-4-7），有直接用与周边石材不同颜色的石材组成标识的箭头和数字等
信息的（图 5-4-8），而且数字和箭头尺寸巨大。地面上多处连续的标识，

设置数量合理，相互关系互为补充，信息连贯，没有重复和有歧义的现象，而且标识上的信息按内容重要的程度等级而字体、符号的大小不同、粗细不同，清晰而易于辨识。在地下街空间的流线交叉的地方，或者说有多重导向需求的地方，往往同时设置有地面式、悬挂式和墙面式的标识。如地下街某十字交叉处，四个方向且不同颜色的悬挂式标识（图5-4-9），十分清晰明确地对四个方向上的目的地进行引导。而且出口15就在空间的左前方，已经到达，故在地面上也有深灰色石材铺砖形成的巨大数字15和箭头，与出口15的悬挂式标识、墙面标识（图5-4-8）一起引导和示意出口15的位置的出去的方向。在楼梯和电梯出入口的位置也设有多种方式的标识，以利辨识（图5-4-10）。

此外，标识牌上的信息内容十分充分，向左的箭头和文字示意向左行80 m即可到达无障碍卫生间（图5-4-11）。同时黑字白背景对比强烈，同时与灰色的墙面形成素雅的风格。再者，残障人士进站有专门的无障碍闸口，高度上为顺应坐轮椅的尺寸而相对较矮，闸口下方正面设有无障碍标识（图5-4-12）。

图5-4-10　楼梯、电梯口的多种标识

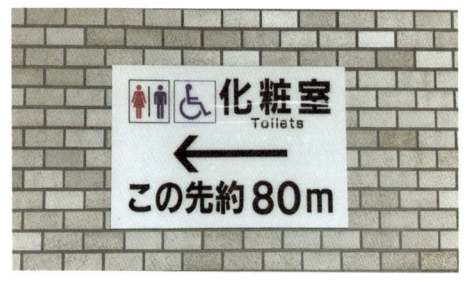

图5-4-11　无障碍卫生间标识提示距离信息

图5-4-12　无障碍闸口标识

（二）美国西雅图图书馆外街道

公共建筑的入口是公共建筑与街道的衔接处，是引导人们进入建筑的重要节点，因此街道上建筑入口的标识设计非常重要。美国西雅图图书馆外临街无障碍标识的处理反映了易识别性与人性化。主入口采用坡道式设计，具有通用性和公平性的设计。在它的主入口，除了设置有正常的门以外，还有无障碍人士专用门。在这个专用门上面靠下的位置，印有巨大的无障碍标识，即使在街道上也非常易于识别（图5-4-13）。同时，专用门左侧安装有印着无障碍标识的按钮，其高度适合残疾人座椅高度，而且按钮尺寸较大，方便开门时使用（图5-4-14）。同时在图书馆入口前广场，在街道上即可以看见的一个现代简洁的深灰色立柱，上面印有明亮的蓝色的无障碍标识和巨大的按钮（图5-4-15）。立柱位置合适，在建筑入口的侧前方，按下按钮门开启后进入的时间刚好合适（图5-4-16）。

图 5-4-13
西雅图图书馆无障碍入口标识

图 5-4-14
无障碍通行按钮

图 5-4-15 立柱式无障碍标识

图 5-4-16 立柱式无障碍标识上有按钮

（三）东京街道综合体入口

图 5-4-17 为东京街道某处，标识的背景环境较为复杂繁乱，图形上运用了绿色，避免与周围环境其他标识的色彩相近，相互干扰，具有较高的醒目性、认知性。标识牌上的图形、箭头符号、文字的大小关系合宜，排版清晰、合理。而且建筑左侧楼梯下方侧墙上的标识和进入一层建筑入口上方的标识之间具有引导的连续性，构建完整的信息指引。

图 5-4-17
东京某街道综合体入口

图 5-4-18
"清晰伦敦"街道标识

图 5-4-19
"清晰伦敦"街道标识的
侧面有可获取信息的电话
号码

（四）"清晰伦敦"高科技互动街道标识

英国伦敦的"清晰伦敦"标识项目尝试规整各个街道，并为城市提供连贯的导向策略。标识系统的设计机构为 Applied Information Group（AIG）、Lacock Gullam 设计和 Woodhouse 组成的联合体。

这个计划在伦敦邦德街进行试点，Applied Information Group（AIG）和 Lacock Gullam 设计、Woodhouse 共同设计了包括 19 个高科技、交互式标识（图 5-4-18），这些标识除了传统的地标、地图信息展示外，还提供触摸屏和额外的拨号服务（图 5-4-19）。传统地图显示 15 分钟步行圈，而触摸屏地图可以选择放大并呈现 5 分钟步行圈（图 5-4-20）；交互地图带有直观的"指向"标识，它们直接指向游客目的方向而不采用传统的南北轴线，使人更简单直观地明白自己的方位（图 5-4-20）。拨号服务使得人们仅仅拨一个电话就可以了解自身当前所处的位置，方便了视力障碍人士。同时还可以通过电话号码投诉街道环境卫生、噪声、照明等问题以及获得相关服务。由于标出了著名地标、人行通道和街道，使得这个地图比无处不在的地铁线路图

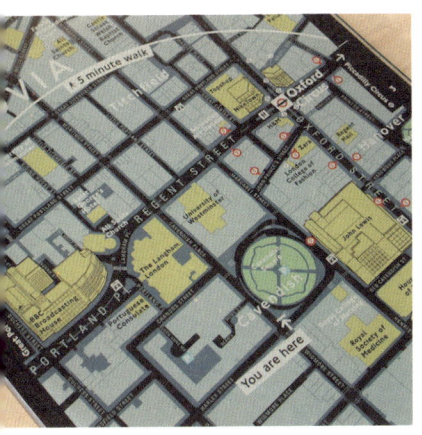

图 5-4-20
地图可显示 5 分钟步行圈

图 5-4-21
日本多贺高速休息站的无障碍
专用停车场地面标识与立牌式
标识

更为准确，给人们的生活出行带来了便利。

二、停车场

在一些重要的场所和建筑外部的停车场都设有残障人士专用停车位，这些停车场的无障碍标识通常置于停车场入口位置的立杆上或建筑墙面上，同时在无障碍车位设置地面标识或内侧边沿树立地牌式标识，非常明显、易于辨识，并且无障碍车位距离停车场出入口或建筑出入口比较近便。

（一）日本多贺高速休息站的无障碍专用停车场

日本多贺高速休息站设有专门的无障碍停车场。而且该无障碍专用停车场的标识设计是一个良好的系统，从入口到车位一路均有导视标识。

首先，高速休息站的无障碍专用停车场导向的标识，为了便于人们识别，除了竖向高度立杆上的标识牌，同时也将标识做在了地面上，在道路入口处将地面涂成大面积的浅蓝色，标有白色的无障碍标识，并在道路上标有大尺寸箭头，极为清晰地标明了无障碍车位的位置和方向（图 5-4-21）。

其次，车子驶进该高速休息站的无障碍专用停车场，其无障碍专用标识牌设置在超市门口的立柱上，位置显眼，很容易发现。同时用图示和文字结合的方式说明了可以使用的人群，包括轮椅使用者、挂拐的人、行动不便的老人以及孕妇。标识采用明亮的中黄色为底色，黑字和蓝色图示，非常醒目。

除此以外，日本多贺高速休息站的无障碍专用停车场车位的地面标识，由亮蓝色为底、白色为无障碍图案的方形构成，易于识别。

另外，该休息站无障碍专用停车场临时设施上

图 5-4-22
日本多贺高速休息站的
无障碍专用停车场的标识牌

图 5-4-23
日本多贺高速休息站的
无障碍专用停车场车位的地面标识

图 5-4-24
日本多贺高速休息站的
无障碍专用停车场临时设施上的标识

图 5-4-25
关西机场附近商场无障碍停车场标识

图 5-4-26
关西机场附近商场无障碍停车场标识

图 5-4-27
"台北故宫博物院"无障碍停车位

也有清晰的标识。

（二）日本关西机场附近商场

日本关西机场附近商场无障碍停车位标识，将车位整个面积都刷成醒目的湖蓝色，十分易于辨识。同时也是在车位地面上设计有很大的标识，方形，又分成四个部分，上面设计得生动、形象的标识说明可以使用的人群包括轮椅使用者、生病的人、行动不便的老人以及孕妇。在车位端头的地上立有不到 1 m 的标牌，不仅高度方便残障人群，同时，标牌的正反两面均设计有无障碍的标识，考虑周到。

（三）台湾道路无障碍停车位

"台北故宫博物院"在最好的位置设有 4 个无障碍停车位，车位之间有很宽的隔离带，便于搬运轮椅。地面标识以蓝背景白色图案为标识色彩，图案线条较粗，整体标识尺寸很大，十分清晰。另外同时在停车位边上也安装有立面上的无障碍标识牌，各个界面上均有标识，增加标识信息，也便于在远处时即可发现（图 5-4-27）。

台湾某道路路边的无障碍停车标识，用醒目的天蓝色作为白色停车位范围线的内框，增加辨识度，而且标识图案与车行方向垂直，非常有利于司机的辨识（图 5-4-28）。

图 5-4-28
台湾路边的无障碍停车标识

三、公共交通工具

（一）台湾地铁

台湾高雄盐埕埔地铁站内月台上设有无障碍车厢等候区，在该等候区中，地面和玻璃门上均印有标识，从水平面和竖向面两个纬度的界面上全方位设置。地面上的标识和玻璃门上的标识图案、色彩等统一，均为白底蓝色的图形标识。地面标识除了图形标识外，还印有黄色红字的"小心月台间隙"的字样。有的还同时印有紧急出口的方向。玻璃门上的标识在最高处标示着"专用车厢等候区"，字体较大，占据一扇门的宽度，便于远处识别；另一处位于门的中间位置，不仅有图形标识，而且还印有"请以后轮进出车门"的字样，进行提示，细节之处值得借鉴。车厢内的博爱座标识标示了"老人、孕妇、拄拐行动不便的人、抱小孩人群"可以优先使用，标识简明、易懂、生动（图5-4-29、图5-4-30、图5-4-31）。

（二）日本公交车

日本公交车的无障碍标识大多设置在两个位置，一是车子前挡风玻璃的右上角（图5-4-32），也有少数公交车是左右角各一个（图5-4-33）；还有车子后玻璃窗上（图5-4-34）标志该车辆设

图5-4-29
台湾地铁无障碍
车厢入口地面标识

图 5-4-30
台湾地铁无障碍车厢入口安全门标识和地面标识

图 5-4-31
台湾地铁车厢博爱座

图 5-4-32
日本无障碍公交车

图 5-4-33
日本无障碍公交车

图 5-4-34
日本无障碍公交车（后窗无障碍标识）

有无障碍空间。标识基本上都是蓝底白标的国际通用无障碍标识。车上无障碍空间往往比较多，2~3个，设有可折叠的座椅，平时没有需要时座椅打开，地面上设有可以固定轮椅的绳子，抽出即可使用（图5-4-35、图5-4-36）。车厢内标识设置在无障碍席位的侧车壁上，或是地面上也印有大幅的标识，非常醒目（图5-4-37）。

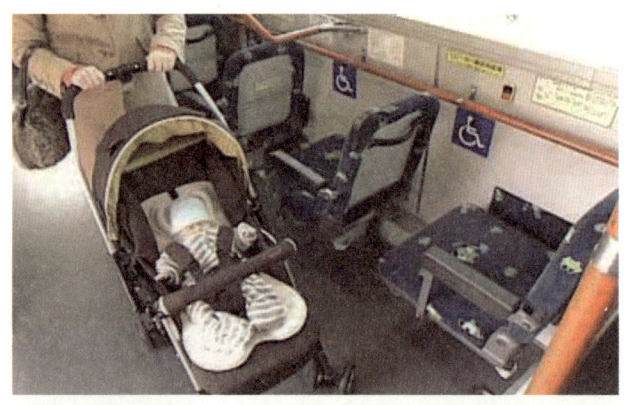

图 5-4-35
日本无障碍公交车之无障碍席位

图 5-4-36
日本无障碍公交车之无障碍席位

图 5-4-37
日本无障碍公交车之无障碍席位标识

（三）美国西雅图公交车站及公交车

　　美国西雅图公交车站及公交车上的无障碍标识非常系统和清晰。车站站牌上除了普通车的数字号码外，还标有无障碍标识，并在下方印有该车的车牌号，表明残障人士可以乘坐。标识尺寸较大，与黄色的公交站牌形成鲜明对比（图5-4-38）。提供无障碍专席的公交车车门外侧印有无障碍标识，亮

图 5-4-38
美国西雅图公交车站标识

图 5-4-39
美国西雅图公交车身无障碍标识

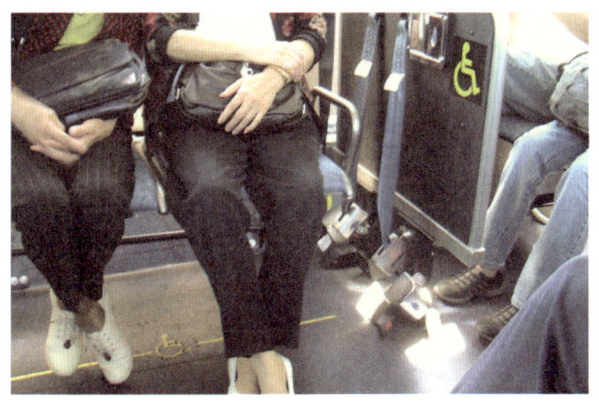

图 5-4-40
美国西雅图公交车厢内无障碍标识

黄色，在深灰色车身的背景下十分清晰（图5-4-39）。车内，无障碍空间的地面上也印有无障碍座席的标识，可折叠座位的两侧挡板上均印有无障碍标识（图5-4-40）。值得一提的是，从车身外侧到车里面的无障碍标识均为鲜艳的亮黄色，非常统一、易于识别。

（四）日本JR列车站

日本JR新桥站的无障碍电梯的标识是深灰色的图底，白色的图示，并且置于建筑的柱子上端，在车站外部的小广场上即可清晰地看见（图5-4-41）。而且由于有连廊的雨篷，考虑到位于较低视线不能看到柱子上方的标识，特意在下方又设立了一处色彩和模式均相同的标识。此外，JR站台上设有

图5-4-41
日本JR新桥站无障碍电梯标识

图 5-4-42
日本 JR 列车站内地面无障碍标识

无障碍专用车厢等候区，在该等候区中，地面和玻璃安全门上均印有标识，从水平面和竖向面两个纬度的界面上全方位设置。地面上的无障碍标识蓝色图底白色标识，尺寸非常大，将近 1 m 的方形（图 5-4-42）；玻璃安全门上的无障碍专用标识，不仅用数字和文字信息提示所在车厢号，而且还用清晰的平面图示标识了无障碍车厢在整辆列车的具体位置（图 5-4-43），车站内还设有盲人站内导板和盲文卫生间指引（图 5-4-44）。

图 5-4-43　日本 JR 列车站玻璃门无障碍标识

图 5-4-44　日本 JR 列车换乘站内触觉地图及盲人标识

参考文献

［1］王小荣，许蓁，贾巍杨．无障碍设计［M］．北京：中国建筑工业出版社，2011．

［2］［日］田中直人，岩田三千子．标识环境通用设计［M］王宝刚，等，译．北京：中国建筑工业出版社，2004．

［3］日本建筑学会．建筑设计资料集成（人体空间篇）［M］．天津：天津大学出版社，2007．

［4］［日］日本建筑学会．无障碍建筑设计资料集成［M］杨一帆，等，译．北京：中国建筑工业出版社，2006．

［5］赵云川，陈望，孙恺，于清渊．公共环境标识设计［M］．北京：中国纺织出版社，2004．

［6］何玉莲，章宏泽．导向标识系统设计［M］．北京：中国电力出版社，2016．

［7］［英］詹姆斯·霍姆斯·西德尔，塞尔温·戈德史密斯．无障碍设计［M］孙鹤，等，译．大连：大连理工大学出版社，2002．

［8］［日］原国政哲．色彩的运用［M］．日本：理工学社，1974．

［9］［德］乔希姆·菲希尔，菲利普·莫伊泽．无障碍建筑设计手册［M］鄢格，译．沈阳：辽宁科学技术出版社，2009．

［10］［日］高桥义平．无障碍建筑设计手册［M］陶新中，译．北京：中国建筑工业出版社，2003．

［11］［日］日本建筑学会．建筑设计资料集成——福利·医疗篇［M］重庆大学建筑城规学院，译．天津：天津大学出版社，2006．

［12］焦舰，孙蕾，杨旻．城市无障碍设计［M］．北京：中国建筑工业出版社，2014．

［13］建筑设计资料集（第三版）总编委会．建筑设计资料集（第三版）建筑专题［M］．北京：中国建筑工业出版社，2017．

［14］Ronald L. Mace. A Perspective on Universal Design［R］. A presentation at "Designing for the 21st Century: An International Conference on Universal Design" on June 19, 1998. Hempstead, New York: Hofstra University, 1998.

［15］EIDD. The EIDD Stockholm Declaration 2004［R］. Stockholm: the European Institute for Design and Disability, 2004–5–9.

［16］［日］鹰巢志乃.关于视觉障碍者用盲道地面材料的色彩与辨别性的调查研究［R］.东京：日本道路技术研究所，1974.

［17］Georgia Institute of technology. Signage for low vision and blind persons:A multimedisciplinary assessment of the state of the art［R］. ATBCB, 1985.

［18］Bentzen, B. L., T. L. Nolin, R. D. Easton, and L. Desmarais. Detectable warning surfaces: Detectable by individuals with visual impairments, and safety and negotiability for individuals with physical impairment［R］. Volpe National Transportation Systems Center: 1993.

［19］［日］吉田麻衣，樱庭晶子.加齢黄変化視界の視認性（2）屋内仕上げ材色の輝度率分析［R］.日本建築学会学術講演梗概集 E-1 建築計画 1卷：1996 ページ：763-764.

［20］王小荣，董雅，贾巍杨. 天津市无障碍标识调查研究报告［R］. 天津：天津市艺术科学规划办公室，2012.

［21］GB/T 10001.9-2008，标志用公共信息图形符号，第 9 部分：无障碍设施符号［S］.

［22］GB/T 10001.1-2006，标志用公共信息图形符号，第 1 部分：通用符号［S］.

［23］GB/T 5845.2-2008，城市公共交通标志［S］.

［24］GB/T 31015-2014，公共信息导向系统基于无障碍需求的设计与设置原则［S］.

［25］GB/T 51223-2017，公共建筑标识系统技术规范［S］.

［26］GB/T 15566.1-2007，公共信息导向系统设置原则与要求，第 1 部分：总则［S］.

［27］GB 50642-2011，无障碍设施施工验收及维护规范［S］.

［28］GB50763-2012，无障碍设计规范［S］.

［29］ISO 21542: 2011, Building construction – Accessibility and usability of the built environment［S］.

［30］ISO 7000: 2014, Graphical symbols for use on equipment – Registered symbols［S］.

［31］ISO 7001: 2007, Graphical symbols – Public Information Symbols［S］.

［32］ISO 7010: 2011, Graphical symbols – Safety colours and safety signs — Registered safety signs ［S］.

［33］ISO 3864–1–2002, Graphical symbols – Safety colours and safety signs – Part 1: Design principles for safety signs in workplaces and public areas［S］.

［34］ISO 16069, Graphical symbols — Safety signs — Safety way guidance systems （SWGS）［S］.

［35］ISO 17398, Safety colours and safety signs — Classification, performance and durability of safety signs［S］.

［36］ISO 9186, Graphical symbols — Test methods［S］.

［37］ISO/DIS 21056, Ergonomics — Accessible design — Guidelines for designing tactile symbols and letters［S］.

［38］ISO 17724–2003, Graphical symbols – Vocabulary［S］.

［39］ISO 22727–2007, Graphical symbols – Creation and design of public information symbols – Requirements［S］.

［40］U.S. ATBCB. 2010 ADA Standards for accessible design［S］.

［41］U.S. ATBCB. Americans with Disabilities Act–Accessibility Guidelines for Buildings and Facilities （ADAAG）［S］.

［42］BS 7000–6: 2005, TBSI: Design management systems. Managing inclusive design［S］.

［43］BS 8300: 2009, Design of buildings and their approaches to meet the needs of disabled people–Code of practice［S］.

［44］BS 5499, for graphical symbols and signs in building construction; including shape, colour and layout［S］.

［45］The United States Department of Transportation （DOT） pictograms ［Z］.

［46］Minnesota State Colleges and Universities. Signage Handbook ［Z］. 1996.

［47］Brabyn, J., Co–director. Rehabilitation Enginerring Center, the Smith–Kettlewell Research Institute ［Z］. Letter dated March 11,1991, to the office of the General Counsel, ATBCB

［48］Karin Bendixen, Maria Benktzon. Design for All in Scandinavia – A strong concept［J］. Applied Ergonomics,2015, 46: 248–257.

［49］P. John Clarkson, Roger Coleman. History of Inclusive Design in the UK ［J］. Applied Ergonomics, 2015, 46: 235–247.

［50］贾巍杨. 建筑无障碍标识色彩与尺度量化设计研究［J］. 南方建筑，2018（1）：48–53.

［51］周晓东，王芳润. 双眼同视视力与单眼视力测定比较［J］. 中国学校卫生，1999，20（1）：69.

［52］Peters, G.A. & Adams, B.B. These 3 Criteria for Readable Panel Markings ［J］. Product Engineering, 1959, 30: 55–57.

［53］Smith, S.L. Letter Size and Legibility［J］. Human Factors, 1979, 21（6）：661–670.

［54］王小荣. 无障碍意识认知与无障碍环境设计研究［J］. 建筑师，2013（4）：75–79.

［55］王小荣，董雅，贾巍杨. 天津市无障碍标识调查研究及设计策略分析［J］. 北方美术，2013（1）：94–96.

［56］贾巍杨，王小荣. 中美日无障碍设计法规发展比较研究［J］. 现代城市研究，2014，29（4）：116–120.

［57］贾巍杨. 美英无障碍法规发展与我国的比较研究及其启示［J］. 建筑与文化，2014，124（7）：89–91.

［58］BRIGHT, K. T. and COOK, G. K. Project Rainbow, a research project to provide colour and contrast design guidance for internal built environments［J］. Occasional Paper 57. ascot: the Chartered institute of Building, 1999.ISBN 1 85380 084 8.

［59］潘海啸，熊锦云，刘冰. 无障碍环境建设整体理念发展趋势分析［J］. 城市规划学刊，2007，168：42–46.

［60］Coleman, R., Pullinger, D.J. Applied Ergonomics Special Issue–Designing for Our Future Selves［C］. Oxford: Butterworth–Heinemann, 1993.

［61］冯月. 广义无障碍理论与实践初探［D］. 成都：西南交通大学，2005.

［62］孙立晔. 基于中间视觉的低亮度、弱对比景观照明评价与实验研究

[D]. 天津：天津大学，2008.

[63] 庞聪. 北京城市无障碍外部空间初探 [D]. 北京：清华大学，2005.

[64] Bettye Rose Connell, Mike Jones, Ron Mace, Jim Mueller, Abir Mullick, Elaine Ostroff, Jon Sanford, Ed Steinfeld, Molly Story, and Gregg Vanderheiden. The principles of universal design [EB/OL].

[65] 维基百科 [EB/OL]. https://en.wikipedia.org/.

[66] 百度百科 [EB/OL]. https://baike.baidu.com/.

[67] 搜狐教育. 醉美标识 [EB/OL]. http://www.sohu.com/a/151977819_656548.

[68] 华阳国际. 华阳云台——华·工坊 "OUR DREAM OFFICE" 设计竞赛 [EB/OL]. https://www.sohu.com/a/136233497_649653.

[69] 标视学院. 蒂黑双子座公园购物中心导视系统设计 [EB/OL]. https://www.zcool.com.cn/article/ZNzA0MDQw.html.

[70] JewishCare. A place to thrive [EB/OL]. https://www.jewishcare.org.au/page/get-involved/capital-campaign/coppel-piekarski-family-drc.

[71] Roman baths. Accessibility [EB/OL]. https://www.romanbaths.co.uk/accessibility.

[72] Pulse design. Accessible interpretive signs installed at Little Red Schoolhouse [EB/OL]. http://www.pulsedesign.com/news/2015/10/21/accessible-interpretive-signs-installed-at-little-red-schoolhouse

[73] NC State University. Sensary Garden [EB/OL]. https://projects.ncsu.edu/ncsu/design/cud/projserv_ps/projects/psexemplars.htm.

[74] Louisville waterfront park. Accessible Sign Program [EB/OL]. https://louisvillewaterfront.com/explore-the-park/features/accessible-signage-program/.

[75] Accessible-japan. Kiyomizu-Dera [EB/OL]. https://www.accessible-japan.com/places/japan/kyoto/kyoto/attractions/kiyomizu-dera/.

图片来源

图1-1-1、图3-4-3、图3-4-4、图3-6-1、图3-6-2、图3-6-3、图3-6-4、图3-6-5、图3-6-6、图4-3-15、图4-3-39、图4-3-43：何玉莲，章宏泽，《导向标识系统设计》。

图1-2-1：https://universaldesign.org/。

图1-3-1：维基百科。

图1-3-2，图1-3-3，图1-3-4，图1-3-5、图4-4-5、图4-4-6：王小荣，许蓁，贾巍杨，《无障碍设计》。

图1-4-1：GB/T 10001.9-2008 标志用公共信息图形符号，第9部分：无障碍设施符号。

图1-4-2，图1-4-3，图1-4-4，图1-4-5：（德）乔希姆·菲希尔，菲利普·莫伊泽．鄢格译．无障碍建筑设计手册。

图2-1-1：贾巍杨根据《美国残疾人法案指导纲要》插图修改绘制。

图2-1-2、图2-1-3、图2-1-4、图2-1-5、图2-1-7、图2-1-3、图4-3-1、图4-3-2、图5-2-5、、图5-4-3、图5-4-4、图5-4-5、图5-4-6、图5-4-7、图5-4-8、图5-4-9、图5-4-10、图5-4-11、图5-4-12、图5-4-13、图5-4-14、图5-4-15、图5-4-16、图5-4-25、图5-4-26、图5-4-38、图5-4-39、图5-4-40、图5-4-41、图5-4-42、图5-4-43、图5-4-44：王小荣提供。

图2-1-6、图2-1-8、图2-1-9、图2-1-10、图2-1-11、图2-1-12、图2-1-13、图2-1-15、图2-1-18、图2-1-19、图2-1-20、图3-2-1、图3-2-2、图3-2-3、图3-4-1、图4-3-6、图4-3-14、图4-3-16、图4-3-17、图4-3-18、图4-3-19、图4-3-20、图4-3-21、图4-3-22、图4-3-23、图4-3-24、图4-3-25、图4-3-26、图4-3-27、图4-3-28、图4-3-29、图4-3-30、图4-3-31、图4-3-32、图4-3-35、图4-3-36、图4-3-37、图4-3-38、图4-3-40、图4-3-42、图4-3-44、图4-3-45、图4-3-47、图4-4-3、图4-4-7、图4-4-8、图4-4-9、图5-1-17、图5-1-19：百度图片搜索。

图2-1-14：http://projector.zol.com.cn/524/5240313.html。

图2-1-16、图3-4-2、图4-4-1、图4-4-1、图4-4-2、图5-1-1、图5-1-2、图5-1-3、图5-1-4、图5-1-5、图5-1-18、图5-1-26、图5-1-

27、图 5-1-28、图 5-1-29、图 5-1-30、图 5-1-31、图 5-1-33、图 5-1-34、图 5-1-35、图 5-1-36、图 5-1-37、图 5-1-38、图 5-2-27、图 5-2-28、图 5-2-29、图 5-3-13、图 5-3-14、图 5-3-15、图 5-3-16、图 5-3-17、图 5-3-18、图 5-4-1、图 5-4-18、图 5-4-19、图 5-4-20：标视学院，http://www.signage911.com/。

图 2-1-17、图 3-7-2、图 4-3-8、图 4-3-13、图 4-3-33、图 4-3-34、图 4-3-41：贾巍杨拍摄。

图 2-2-1：田中直人、岩田三千子《标识环境通用设计》。

图 2-2-2、图 2-2-3：詹姆斯·霍姆斯－西德尔、塞尔温·戈德史密斯《无障碍设计》。

图 2-3-1、图 2-3-2、图 3-2-4、图 3-2-5、图 3-2-6、图 3-2-7：贾巍杨绘制。

图 3-5-1、图 3-5-2：ISO 21542。

图 3-5-3：贾巍杨根据日本《无障碍交通法》插图修改绘制。

图 3-6-1：曲翠萃提供。

图 3-7-1：《建筑设计资料集》第三版第 8 分册。

图 4-1-1、图 4-1-2、图 4-1-3：赵伟绘制。

图 4-3-3、图 4-3-4、图 4-3-5、图 4-3-7、图 4-3-9、图 4-3-10、图 4-3-11、图 4-3-46：http://www.sohu.com/a/151977819_656548。

图 4-3-12：https://www.sohu.com/a/136233497_649653。

图 4-4-4、图 5-1-20、图 5-1-21、图 5-1-22、图 5-1-23、图 5-1-24、图 5-1-25、图 5-1-39、图 5-1-40、图 5-1-41、图 5-1-42、图 5-1-43、图 5-1-44、图 5-1-45、图 5-1-46、图 5-1-47、图 5-1-48、图 5-1-49、图 5-1-50、图 5-1-51：站酷，https://www.zcool.com.cn/。

图 5-1-1：http://www.ringtown.net/info/?id=1407。

图 5-1-6、图 5-1-7、图 5-1-8、图 5-1-9、图 5-1-10、图 5-1-11：http://www.sohu.com/a/208312139_341267。

图 5-1-12、图 5-1-13、图 5-1-14、图 5-1-15、图 5-1-16：http://www.ringtown.net/info/?id=459。

图 5-1-32：http://www.jwire.com.au/architecture-design-award-for-thecoppel–piekarski–family–disability–respite–centre/。

图 5-2-1、图 5-2-2、图 5-2-3、图 5-2-4、图 5-2-6、图 5-2-7、图 5-2-8、图 5-2-9：王刚,《广州中心城区公园无障碍设施调查研究》。

图 5-2-10、图 5-2-11、图 5-2-12、图 5-2-13、图 5-2-14、图 5-2-15、图 5-2-16、图 5-2-17、图 5-2-18：https://projects.ncsu.edu/ncsu/design/cud/projserv_ps/projects/psexemplars.htm。

图 5-2-19、图 5-2-20、图 5-2-21、图 5-2-22、图 5-2-23：http://www.pulsedesign.com/news/2015/10/21/accessible–interpretive–signs–installed–at–little–red–schoolhouse。

图 5-2-24、图 5-2-25、图 5-2-26：https://louisvillewaterfront.com/explore–the–park/features/accessible–signage–program/。

图 5-3-1、图 5-3-2、图 5-3-3、图 5-3-4：https://www.accessible–japan.com/places/japan/kyoto/kyoto/attractions/kiyomizu–dera/。

图 5-3-5、图 5-3-6、图 5-3-7、图 5-3-8、图 5-3-9、图 5-3-10、图 5-3-11、图 5-3-12：截取自 YouTube 视频 "Accessibility video for the Roman Baths & Pump Room"。

图 5-4-2：庞聪《北京城市无障碍外部空间初探》。

图 5-4-17、图 5-4-32、图 5-4-33、图 5-4-34、图 5-4-35、图 5-4-36、图 5-4-37：王晶提供。

图 5-4-21、图 5-4-22、图 5-4-23、图 5-4-24：赵璇拍摄。

图 5-4-27、图 5-4-28：http://www.chinadp.net.cn/charactors/detail/?template=sample-8476.html。

图 5-4-29、图 5-4-30、图 5-4-31：葛柔冰拍摄。